von
María Victoria Rojas Riether

# 99 Grammatische Übungen

## Spanisch – Niveau A2



Ernst Klett Verlag
Stuttgart • Leipzig

# Übersicht

# Übungsplan für *Línea amarilla 1*

Wenn du mit *Línea amarilla 1* arbeitest, kannst du die folgenden Übungen im Anschluss an die genannte Unidad bearbeiten. Die Paragrafen beziehen sich auf das Grammatische Beiheft zu *Línea amarilla 1*. Dort findest du eine ausführliche Erklärung der Grammatik.

### Unidad 7B

34 – 38 §28 Bildung und Gebrauch des Perfekts **32**
74 §29 Der indefinite Begleiter und das Pronomen *otro* **63**
99 §30 Objektsätze mit *que* (dass) **87**

### Unidad 8A

77 §31 Die indirekten Objektpronomen **66**
25 §32 *tener que* und *hay que* + Infinitiv **27**
26 §33 *acabar de* + Infinitiv **28**
78 §34 Die Stellung der Pronomen **67**
19 §35 Verben auf *-zco* **23**

### Unidad 8B

49 – 50 §36 Der bejahte Imperativ der 2. Person **41**
87 §37 Die Stellung der Pronomen nach dem bejahten Imperativ **72**

### Unidad 9 (fakultativ)

51 – 52 §38 *estar* + Gerundium **42**

## Übungsplan für *Línea amarilla 2*

Wenn du mit *Línea amarilla 2* arbeitest, kannst du die folgenden Übungen im Anschluss an die genannte Unidad bearbeiten. Die Paragrafen beziehen sich auf das Grammatische Beiheft zu *Línea amarilla 2. Dort findest du eine ausführliche Erklärung der Grammatik.*

### Unidad 1

Wiederholung der wichtigsten Grammatikpensen aus Band 1; die entprechenden Übungen findest du im Übungsplan zu *Línea amarilla 1.*

Übung Paragraf **Seitenzahl**

### Unidad 2

51 – 52 §13 *estar* + Gerundium **42**
59 – 60 §14 Die Verkürzung einiger Adjektive **49**
92 §15 Die Ordnungszahlen bis 10 **77**

### Unidad 3

79 – 80 §16 Die direkten Objektpronomen **67**
81 – 82 §17 Unterschiedliche Pronomen für die dritte Person **68**
20 – 21 §18 Verben mit Vokaländerung *e → i* **23**

### Unidad 4

76 §19 Die Interrogativpronomen cuál/cuáles und qué **65**
27 §20 Temporalnebensätze mit antes de und después de **29**
85 – 86 §21 Das neutrale Objektpronomen lo **71**
87 §22 Die Stellung der Pronomen beim Infinitiv, Gerundium und Imperativ **72**
61 §23 Der absolute Superlativ auf *-ísimo* **50**

### Unidad 5

93 §24 Die Zahlen von einhundert bis tausend **78**
95 §25 Die doppelte Verneinung **81**
53 – 54 §26 Indirekte Rede ohne Zeitverschiebung **44**

**Unidad 6**



**Unidad 7**



**Unidad 8**



**Unidad 9**



**Unidad 10 (fakultativ)**



## Übungsplan für *Línea verde 1*

Wenn du mit *Línea verde 1* arbeitest, kannst du die folgenden Übungen im Anschluss an die genannte Unidad bearbeiten. Die Paragrafen beziehen sich auf das Grammatische Beiheft zu *Línea verde 1. Dort findest du eine ausführliche Erklärung der Grammatik.*

Übung Paragraf Seitenzahl

**Unidad 1**



**Unidad 2A**



**Unidad 2B**



**Unidad 3A**

# Vorwort

Liebe Schülerinnen, liebe Schüler,

in diesem Heft findet ihr 99 abwechslungsreiche und unterhaltsame Übungen, mit denen ihr die spanische Grammatik bis zum Niveau A2 des Gemeinsamen europäischen Referenzrahmens lernen oder wiederholen könnt.

Das Inhaltsverzeichnis gibt euch einen Überblick über die verschiedenen Grammatikpensen, die behandelt werden. Die Grammatik ist nach Inhalten geordnet. Ihr könnt die Übungen also in der Reihenfolge bearbeiten, in der sie erscheinen, die Themen aussuchen, die im Unterricht behandelt werden oder die ihr üben möchtet.

Zu jedem Thema gibt es einfache, kurze Erklärungen. Diese sind immer gelb unterlegt und dadurch einfach zu finden. Manchmal sind die Erklärungen vorgegeben, manchmal müsst ihr sie selbst noch ergänzen. Ihr habt dadurch die Möglichkeit, die entsprechenden Grammatikregeln nochmals neu zu entdecken, zu wiederholen und zu festigen.

Diejenigen unter euch, die in der Schule mit *Línea amarilla 1*, *Línea amarilla 2* oder *Línea verde 1* arbeiten, finden direkt nach dem Inhaltsverzeichnis einen Übungsplan, in dem die Übungen aus diesem Heft den jeweiligen Lektionen des Schülerbuchs zugeordnet sind. So findet ihr ganz einfach und schnell die passenden Übungen zu jeder Lektion, die ihr im Unterricht gerade bearbeitet. Dadurch könnt ihr ganz gezielt bestimmte Grammatikpensen wiederholen, eure Kenntnisse festigen oder euch auf eine bevorstehende Klassenarbeit vorbereiten.

Außerdem enthält die Überschrift jeder Übung einen Hinweis auf den Grammatikparagrafen des entsprechenden *Grammatischen Beihefts*. LA1 weist also auf das *Grammatische Beiheft* zu *Línea amarilla 1* hin, LA2 auf das *Grammatische Beiheft* zu *Línea amarilla 2* und LV1 auf das *Grammatische Beiheft* zu *Línea verde 1*.

Die Lösungen zu allen Übungen und auch zu den Grammatikerklärungen findet ihr im Anhang ab Seite 89. Außerdem habt ihr mit *¡Controla tu trabajo!* auf Seite 88 die Möglichkeit, euren Lernfortschritt festzuhalten und zu überprüfen, welche Übungen euch schwer oder leicht fielen und welches Grammatikthema ihr noch vertiefen solltet.

Wir hoffen, dass es uns mit diesem Heft gelungen ist, Euch die oft als trocken angesehene Grammatik unterhaltsam zu präsentieren.

Viel Erfolg!

**Abkürzungen**

LA1 *Línea amarilla 1*
LA2 *Línea amarilla 2*
LV1 *Línea verde 1*

# Die Orthographie

## 1 Signos

Frage- und Ausrufezeichen ▶ LA1 § 2; LV1 § 2

**a** Escribe los signos que en español son diferentes al alemán.

______ ______ ______

**b** Completa los minidiálogos con los signos necesarios.
Ergänze die fehlenden Satzzeichen, um den Dialog zu vervollständigen.

A

Hola

Hola soy Mario

Genial, también soy Mario

También eres de Valladolid

No, soy de Roses.

Cómo te llamas

Me llamo Alberto

Eres el hermano de Flavia

No, soy el primo de Flavia

De dónde eres

De Hamburgo

B

# Das Substantiv

## 2 Un chico, dos chicos

Die Pluralbildung der Substantive ▶ LA1 § 5; LV1 § 5

**a** ¿Cómo se forma el plural de los sustantivos? Escríbelos de nuevo.
Wie lautet der Plural der Substantive? Schreibe die Pluralformen in die richtige Spalte.

| -es | -s |
|---|---|
| | |

- el pueblo
- la costa
- el bar
- el vídeo
- la habitación
- la canción
- el museo
- el móvil
- el deporte
- el helado
- el mar
- el chico
- la playa
- el ordenador
- la bebida[1]
- la conversación

**b** Escribe la regla según los ejemplos de arriba.
Ergänze die Regel anhand der Beispiele.

Endung auf Vokal → Plural + ________

Endung auf Konsonant → Plural + ________

**c** Escribe todos los sustantivos en plural. Cuidado con los verbos.
Schreibe alle Substantive im Plural. Achte auf die Verben!

1. Compro un helado. ____________________
2. El chico ayuda al tío. ____________________
3. La chica busca la bebida. ____________________
4. Escuchas la canción de Juanes. ____________________
5. El primo practica deporte. ____________________

[1] **una bebida** ein Getränk

## Das Verb

### 3 Soy, eres, es

Das Verb *ser* ▶ LA1 §1; LV1 §1

**a** Escribe las frases conjugando el verbo *ser* en la forma adecuada.
Bilde Sätze und konjugiere dabei das Verb *ser* in der richtigen Form.

de • helado • el • ser • Felipe

1. ______________________________

playa • Málaga • genial • ser • de • La

2. ______________________________

la • de • ser • hermana • Hola, • Lukas

3. ______________________________

Lukas • de • ser • y • Laura • Berlín

4. ______________________________

¿? • Luis, • de • ser • Perú

5. ______________________________

y • ¿? • Cristina • ser • Pablo

6. ______________________________

y • Hola, • Marina • ser • Claudia

7. ______________________________

**b** Busca las formas del verbo *ser* del ejercicio a y completa la tabla.
Suche alle Formen von *ser* aus Übung 3 a und ergänze die Tabelle.

| | ser | | ser |
|---|---|---|---|
| **yo** | | **nosotros/nosotras** | |
| **tú** | | **vosotros/vosotras** | |
| **él/ella/usted** | | **ellos/ellas/ustedes** | |

## 4 Hablo yo

Die Verben auf *-ar* ▶ LA1 §4; LV1 §4

**a** Conjuga el verbo *nadar* y *comprar* en las siguientes tablas.
Konjugiere die Verben *nadar* und *comprar*.

| nad | a | r |
|---|---|---|

| compr | a | r |
|---|---|---|

**b** Marca la respuesta correcta.
Kreuze die richtige Antwort an.

1. Soy Marta, ¿ ☐ hablas ☐ hablo ☐ hablamos con Laura?
2. Mauricio y Claudia ☐ nadáis ☐ nado ☐ nadan en el mar.
3. (Vosotros) ☐ practican ☐ practicáis ☐ practica el tenis y el fútbol.
4. ¿Amigo ☐ significáis[1] ☐ significa ☐ significamos Freund?
5. Mateo ☐ llegamos ☐ llega ☐ legáis a la habitación y ☐ escucho ☐ escucha ☐ escuchan música.
6. Por favor, nosotros ☐ necesito ☐ necesitan ☐ necesitamos ayuda;
   no ☐ habla ☐ hablamos ☐ hablo alemán.

[1] **significar algo** etw. bedeuten

## 5 Los verbos

Die Verben auf *-ar*, *-er* und *-ir* ▶ LA1 §8; LV1 §8

**a** ¿Qué terminación tienen los siguientes verbos? Márcalos con el color correspondiente.
Welcher Konjugation gehören diese Verben an? Unterstreiche sie mit der entsprechenden Farbe.

| | | |
|---|---|---|
| como | | aprendo |
| busco | -ar | escribo |
| hablo | | vivo |
| estudio | -er | nado |
| abro | | comprendo |
| tomo | -ir | escucho |
| miro | | compro |

**b** Completa la tabla con la forma correcta de los verbos.
Ergänze die Tabelle mit der richtigen Form des Verbs.

| | visitar | leer | abrir |
|---|---|---|---|
| yo | | | |
| tú | | | |
| él/ella/usted | visita | | |
| nosotros/ nosotras | | | abrimos |
| vosotros/ vosotras | | | |
| ellos/ellas/ ustedes | | leen | |

**c** Marca con colores en el ejercicio 5 b todas las formas que se repiten en las conjugaciones y rellena la tabla con las terminaciones.
Markiere mit Farbe in Übung 5 b alle Formen die sich wiederholen und ergänze die Tabelle mit den Endungen der Konjugationen.

| | -ar | -er | -ir |
|---|---|---|---|
| **yo** | | | |
| **tú** | | | |
| **él/ella/usted** | | | |
| **nosotros/nosotras** | | | |
| **vosotros/vosotras** | | | |
| **ellos/ellas/ustedes** | | | |

## 6 Más verbos

Die Verben auf *-ar*, *-er* und *-ir* ▶ LA1 §8; LV1 §8

Completa la historia.
Ergänze die Geschichte.

comer | comprar | escuchar | hablar | tomar | nadar

**Juan y Carlos:** ¿Chicas, ________________ todos nosotros en un restaurante hoy?

**Chicas:** No, gracias. Valeria y yo ________________ música y ________________ la paella de mamá hoy.

**Juan y Carlos:** ¿Chicas, después ________________ una bebida y ________________ en la playa?

**Chicas:** ¡Genial! Nosotras ________________ la paella y vosotros ________________ las bebidas en la playa.

**Juan y Carlos:** ¡Adiós! ________________ después en la playa.

**Chicas:** ¡Adiós!

## 7 Soy yo y estoy aquí

Der Gebrauch von *ser* und *estar* ▶ LA1 §13; LV1 §12

¿Qué es qué? ¿Dónde está? Forma frases con sentido.
Was ist was und wo ist es? Bilde sinnvolle Sätze.

| | | |
|---|---|---|
| Roses | está | una playa de la Costa Brava |
| El fútbol | están | en España |
| La paella no | es | un deporte |
| El museo | son | un desastre |
| Las bebidas | | genial |
| El chico | | en el bar |
| Juan | | en Alemania |
| | | Juan |
| | | de Almería |
| | | en casa |

1. ______________________________

2. ______________________________

3. ______________________________

4. ______________________________

5. ______________________________

6. ______________________________

7. ______________________________

8. ______________________________

**b** Mira qué puede estar después de los verbos *ser* y qué después de *estar*. ¿Por qué? Escríbelo en la tabla.
Was steht nach *ser* und was nach *estar*? Weshalb? Schreibe die Regel in die Tabelle.

ser + ______________________________

estar + ______________________________

## 8 Son José y Juan

Der Gebrauch von *ser* und *estar* ▶ LA1 §13; LV1 §12

Mira el dibujo y completa las frases con *ser* y *estar*.
Schau Dir das Bild an und ergänze die Sätze mit *ser* und *estar*.

A

Yo ____________ José.

____________ de Barcelona.

Yo ____________ en un bar.

El bar ____________ en la playa.

La playa ____________ en Barcelona.

B

Barcelona ____________ en España.

Barcelona ____________ grande.

C

Mi primo ____________ Juan.

Juan ____________ de Madrid.

Madrid ____________ en el centro de España.

Madrid ____________ la capital.

Madrid ____________ en España también.

Madrid ________ lejos de Barcelona.

## 9 ¿Qué hay en el barrio?

Der Gebrauch von *estar* und *hay* ▶ LA1 §14; LV1 §13

Contesta las preguntas y utiliza *estar* o *hay*.
Beantworte die Fragen und verwende *estar* oder *hay*.

1. ¿Qué hay en este barrio[1]? ______________________________

______________________________

______________________________

2. ¿Dónde está Peter? → ______________________________

______________________________

______________________________

3. ¿Dónde está el Corte Inglés? → ______________________________

______________________________

______________________________

4. ¿Y el restaurante alemán? → ______________________________

______________________________

______________________________

5. ¿Y el bar BAR CELONA? → ______________________________

______________________________

______________________________



[1] **un barrio** ein (Stadt)Viertel

## 10 ¿Qué hay y dónde esta?

Der Gebrauch von *estar* und *hay* ▸ LA1 §14; LV1 §13

**a** Ordena las frases y complétalas con *estar* o *hay*.
Bilde Sätze mit den Wörtern in der richtigen Reihenfolge und ergänze *estar* oder *hay*.

habitación • la • libros • en • muchos

1. ______________________________

chicos • el • en • restaurante • dos

2. ______________________________

museo • padres • siempre • en • mis • el

3. ______________________________

¿los • dónde • niños?

4. ______________________________

en • turistas • Andalucía

5. ______________________________

Juan • en • el • museo • el • amigo • hoy • de

6. ______________________________

**b** ¿Cuáles de estas palabras te ayudan a identificar si es *estar* o *hay*? Subraya la respuesta correcta.
Los ejercicios 9 y 10 a te ayudan.
Welche Wörter helfen dir, dich zwischen *estar* oder *hay* zu entscheiden? Unterstreiche die richtige Antwort.
Die Übungen 9 und 10 a helfen dir dabei.

Zahlwörter → estar / hay

bestimmter Artikel → estar / hay

unbestimmter Artikel → estar / hay

Possessivbegleiter → estar / hay

Substantive im Plural → estar / hay

Mengenangaben → estar / hay

## 11 ¿Dónde está Málaga?

Der Gebrauch von *estar* und *hay* ▶ LA1 §14; LV1 §13

Mira las fotos que te dan información sobre España. Después une las frases de la columna de la derecha con las de la izquierda.
Schaue dir die Fotos an, die Informationen zu Spanien enthalten. Verbinde danach die Sätze der beiden Kästchen.

A

B

C

| | |
|---|---|
| España **es** | en España. |
| Madrid **es** | muchas playas. |
| Madrid **está** | en Andalucía. |
| Andalucía **está** | bares. |
| Andalucía **es** | en Málaga. |
| En Andalucía **hay** | muy bueno. |
| La costa de Andalucía **es** | español. |
| En la playa de Andalucía **hay** | grande. |
| La gente en la playa **son** | la capital[1]. |
| Málaga **está** | en el centro. |
| En Málaga **hay** | larga[2]. |
| El bar Ándalus **está** | mucha gente. |
| El bar Ándalus **es** | turistas. |
| Juan **es** | de Andalucía. |
| Juan **está** | en el bar. |

[1] **una capital** eine Hauptstadt – [2] **largo,-a** lang

## 12 ¿Qué piensas tú?

Verben mit Diphthongierung *-ie-* ▶ LA1 §17; LV1 §14

Conjuga el verbo *pensar* en las casillas. Marca la sílaba acentuada para cada forma.
(*Konjugiere … Markiere die betonte Silbe …*)

| p | e | ns | ar |
|---|---|---|---|
| | | | |
| | | | |
| | | | |
| | | | |
| | | | |
| | | | |

| | |
|---|---|
| yo | |
| tú | e → ie |
| él / ella / usted | |
| nosotros / nosotras | e |
| vosotros / vosotras | |
| ellos / ellas / ustedes | e → ie |

## 13 ¿Piensas venir?

Verben mit Diphthongierung *-ie-* ▶ LA1 §17; LV1 §14

Completa *(Ergänze …)* las frases con el verbo *pensar* conjugado.

¿Qué ______________________ hacer vosotros hoy?

**Luisa:** Pues, yo ______________________

______________________.

**Juan y Juana:** Y nosotros ______________________

______________________.

¿Qué ______________________ hacer Luisa hoy?

→ ______________________.

¿Qué ______________________ hacer Juan y Juana hoy?

→ ______________________.

¿Y tú? ______________________?

## 14 Prefiero dormir

Verben mit Diphthongierung *-ue-* ▶ LA1 §19; LV1 §14

Conjuga los verbos. Atención: son diferentes. (… *Achtung* …)

| pref e rir | | |
|---|---|---|
| pref | ie | ro |
| | | |
| | | |
| | | |
| | | |
| | | |

| p o der | | |
|---|---|---|
| | | |
| | | |
| | | |
| | | |
| | | |
| | | |

## 15 Hoy no puedo

Verben mit Diphthongierung *-ue-* ▶ LA1 §19; LV1 §14

Mira la semana de Juan, Mauricio y Claudia. Completa el diálogo y utiliza *querer* o *poder*.
*(… Ergänze den Dialog und verwende …)*

| lunes | martes | miércoles | jueves | viernes | sábado | domingo |
|---|---|---|---|---|---|---|
| Juan y Mauricio → tenis | Claudia → fútbol Juan y Mauricio → tenis | libre | estudiar: todos | clase de piano → Juan y Claudia | estudiar para un examen → Mauricio; los otros: libres | a casa de los abuelos → todos |

Luis tiene mucho tiempo libre y no sabe qué hacer …

**Luis:** ¿Claudia, ______________________________ ir al cine el martes?

**Claudia:** El martes ______________________________.

**Luis:** ¿Y vosotros, Juan y Mauricio, ______________________________?

**Juan y Mauricio:** ______________________________.

**Luis:** ¿ ______________________________ ir a la discoteca el viernes o el sábado?

**Juan y Claudia:** El viernes ______________________________.

**Mauricio:** Yo ______________________________ el sábado.

**Luis:** ¿ ______________________________ venir todos a mi casa el domingo?

**Todos:** ______________________________.

**Luis:** ¿No ______________________________ hacer nada toda la semana?

**Todos:** Sí, el miércoles ______________________________ todos.

## 16 Ahora me voy

Die reflexiven Verben ▶ LA1 §23; LV1 §19

**a** Marca con colores diferentes los pronombres reflexivos, los pronombres de sujeto y las terminaciones de los verbos en *-ar* que corresponden. (*Markiere mit verschiedenen Farben … die zusammengehören*)

vosotras tú él os ustedes te -a yo

nosotras -mos -an vosotros usted ellos -as nosotros

me se -o nos -áis ellas ella

**b** ¿Qué es lo más importante para conjugar un verbo reflexivo? El ejercicio 18 a te ayuda.
(… *das Wichtigste, um ein reflexives Verb zu konjugieren?* …)

Das ________________ pronomen, das ________________ , auf das es sich bezieht, und die ____________ endung müssen übereinstimmen.

## 17 ¿Dónde está el pronombre?

Die reflexiven Verben ▶ LA1 §23; LV1 §19

Pon el pronombre reflexivo correcto en el lugar correcto.

1. Hoy ______ no ______ quiero ______ duchar ______ .
2. ¿A qué hora ______ quieres ______ levantar ______ ?
3. ______ divertimos ______ siempre ______ mucho.
4. ¿ ______ queréis ______ levantar ______ temprano[1]?
5. Todos ______ lavan ______ por la noche.

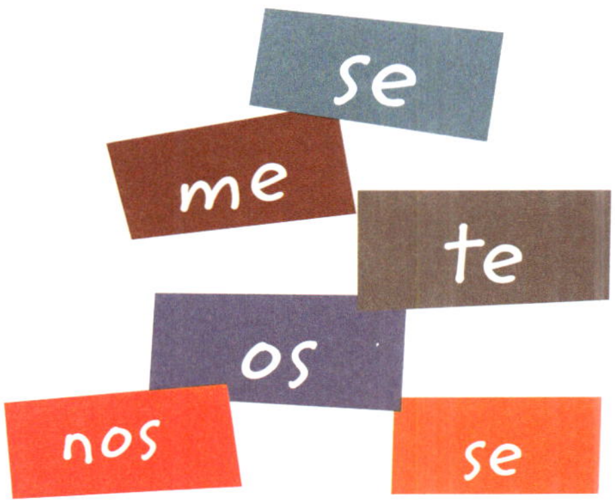


[1] **temprano** früh

## 18 Me levanto tarde

Die reflexiven Verben ▶ LA1 §23; LV1 §19

¿Qué hacen estas personas todos los días?

1. La madre ______________________________ .
2. El padre ______________________________ .
3. Moni y Claudi ______________________________ .
4. El chico ______________________________ .
5. Los niños ______________________________ .
6. Los chicos ______________________________ .

## 19 ¿Conoces a Juanes?

Verben auf *-zco* ▶ LA1 §35; LV1 §20

**a** Conjuga estos dos verbos y completa la regla. (… *ergänze die Regel.*)

| conocer | traducir[1] |
| --- | --- |
| | |

Verben mit der Endung *-cer* und *-cir* sind im Präsens nur in der ____________ unregelmäßig und enden auf ____________

**b** Responde a las siguientes preguntas usando el verbo de la pregunta. (… *verwende* …)

¿Conoces a Juanes? ____________

Tú pareces cansado. ¿Es verdad? ____________

¿Traduces[1] está canción para mí? ____________

¿Conduces[2] tú? ____________

¿Conoces Perú? ____________

## 20 Quiero más

Verben mit Vokaländerung *e* ▶ *i* ▶ LA2 §18; LV1 §21

Primero completa la tabla y después la regla. (*Ergänze zuerst die Tabelle* …)

| querer: e → ie | volver: o → ue | pedir: e → i |
| --- | --- | --- |
| ie | o | i |

e → ie, o → ____________ und ____________ → ____________ in der + ____________ ____________ + ____________ Person ____________ und in der 3. Person ____________.

[1] **traducir algo** etw. übersetzen – [2] **conducir (un coche)** (Auto) fahren

## 21 ¿Qué dices?

Verben mit Vokaländerung *e* ► *i* ► LA2 §18; LV1 §21

Completa el texto con los siguientes verbos: *decir, vestirse, despedirse.*

**Madre:** ¿Me ________________ qué haces?

**Ana:** Pues, ________________ para salir esta noche.

**Madre y padre:** ¿Nos ________________ adónde vas y con quién[1]?

**Ana:** Con un amigo.

**Padre:** ¿No tiene nombre tu amigo? Le ________________ sólo «amigo».

**Ana:** Bueno, adiós, ya ________________.

**Padre:** ¿Tú ________________? No, no. Primero me ____________ cómo se llama el «amigo» y después ________________ (nosotros).

**Ana:** Si es así no voy… Me ________________ así, muy bonita, no para salir con mi «amigo» pero para estar en casa con mis padres.

**Padre y madre:** Nos ________________ el nombre y después ________________.

**Ana:** Está bien. Su nombre es Nemo.Y ahora me voy.



[1] **con quién** mit wem

# Verbalkonstruktionen

## 22 Verbos, verbos, verbos

Der Gebrauch von *querer, preferir* und *pensar* ▶ LA1 §18; LV1 §15

Aquí tienes tres verbos con diptongación *e*→ *ie* pero con diferente terminación. Conjúgalos.
(… Diphthongierung *e*→ *ie* … unterschiedlicher Endung. …)

| pensar | querer | preferir |
|---|---|---|
| | | |

## 23 Más verbos

Der Gebrauch von *querer, preferir* und *pensar* ▶ LA1 §18; LV1 §15

**a** Completa la carta de Jorge a su madre con *querer, preferir* o *pensar.* (*Ergänze den Brief …*)

Querida mamá,

te escribo ahora porque ________________ (pensar) pasar unos meses en[1] Latinoamérica. Claudia ________________ (preferir) ir a Perú y yo ________________ (preferir) Colombia porque ________________ (querer) ver a mis primos en Bogotá. ________________ (pensar) mucho en ellos. ¿Sabes?, Claudia y yo siempre ________________ (querer) cosas diferentes[2]. No ________________ (pensar) lo mismo. ________________ (Querer) ir sin Claudia a Bogotá. ¿Qué ________________ (pensar) tú? ¿ ________________ (querer) hablar conmigo[3] por teléfono o ________________ (preferir) venir a mi casa?

Gracias mamá, hasta pronto.
Jorge

[1] **pasar unos meses en…** einige Monate in … verbringen –
[2] **diferente** unterschiedlich – [3] **conmigo** mit mir

**b** Lee la carta del ejercicio a otra vez.
¿Qué hay después de los verbos *querer, preferir* y *pensar*?
Lies den Brief aus Übung a nochmals.
Was steht nach den Verben *querer, preferir* und *pensar*?

| | | |
|---|---|---|
| querer | | ____________ |
| preferir | + | ____________ |
| pensar (en) | | |

**c** Escribe las dos posibilidades para cada dibujo.
(*… zwei Möglichkeiten je Bild.*)

Prefiere ____________ Queremos ____________ Piensa ____________

Prefiere ____________ Queremos ____________ Piensa ____________

## 24 Vengo para hablar

*para* + Infinitiv ▸ LA1 §27; LV1 §34

**a** Convierte las siguientes frases en una, uniéndolas con *para* + infinitivo. (*Mache … verbinde …*)

**Ejemplo:** Voy a la tienda. Voy a comprar fruta en la tienda. Voy a la tienda para comprar fruta.

1. Voy a Madrid. Voy a visitar el museo del Prado en Madrid.

   ____________________________________________

2. Quiere ir a la costa. En la costa va a descansar.

   ____________________________________________

3. Pienso ir a Italia. Voy a aprender italiano.

   ____________________________________________

4. Quiero tu número de teléfono. Quiero llamarte.

   ____________________________________________

5. Hablamos con nuestros primos. Queremos ir al cine con nuestros primos.

   ____________________________________________

**b** Traduce y completa la regla. (*Übersetze und ergänze …*)

Te busco para hablar.

______________________ *para* + ______________________

## 25 Siempre hay reglas

*tener que* und *hay que* + Infinitiv ▶ LA1 §32; LV1 §25

**a** Traduce las siguientes reglas del instituto Reina Victoria. (*Übersetze … Schulregeln.*)

**Schulregeln**

Man muss pünktlich zum Unterricht kommen.

Man muss um 7:55 im Unterrichtszimmer sein.

Man muss freundlich zu den anderen sein.

Man muss während der Pausen in der Schule bleiben.

______________________

______________________

______________________

______________________

______________________

______________________

______________________

______________________

**b** ¿Y tú?, ¿qué tienes que hacer?

los deberes → ______________________

______________________

aprender → ______________________

______________________

leer libros → ______________________

______________________

preguntar en clase → ______________________

______________________

**c** ¿Cuál es la diferencia entre *tener que* y *hay que*? Escribe la regla.

A

B

tener que = ______________________

hay que = ______________________

## 26 ¿Qué acabas de hacer?

*acabar de* + Infinitiv ▶ LA1 §33; LV1 §24

**a** Lee las situaciones y escribe una frase con *acabar de* + infinitivo como en el ejemplo.

**Ejemplo:** Mis clases terminan a las 2:30. Son las 2:33 → Acabo de salir del instituto.

1. Las clases empiezan a las 8:00. Son las 8:45.

   → Los chicos ______________________

2. María trabaja hasta las 5:00. Son las 5:10.

   → Ella ______________________

3. ¿Por qué hay agua en la ducha?

   → Juan ______________________

4. Tu teléfono está sonando, creo que es un mensaje.

   → Sí ______________________

5. Esta es la última frase del ejercicio.

   → Yo ______________________

**b** Completa la regla.

En alemán *acabar* + *infinitivo* significa: ______________________

## 27 ¿Cuándo pasa todo?

Temporalnebensätze mit *antes de* und *después de* ▸ LA2 §20; LV1 §34

**a** Completa las flechas con *antes de* o *después de*.

_________________ comer, cocina.

_________________ comer, se lava los dientes.

**b** Ordena las tres acciones y escribe dos frases: una con *antes de* y otra con *después de*.
(*Ordne die drei Handlungen …*)

1. levantarse • soñar • despertarse → _________________
2. salir • dormir • vestirse → _________________
3. ser madre • ser hija • ser abuela → _________________
4. instituto • universidad • colegio → _________________
5. dormir • acostarse • desvestirse[1] → _________________

[1] **desvestirse (e-i)** sich ausziehen

## 28 ¿Qué respuesta?

Der Unterschied zwischen *mientras* und *durante* ▶ LA2 §30

Marca si la respuesta es *durante* o *mientras* y completa la regla.

1. ☐ Mientras ☐ Durante la noche, no puedo dormir bien.
2. ☐ Mientras ☐ Durante la comida, no se levanta nadie de la mesa.
3. ☐ Mientras ☐ Durante yo cocino, los niños juegan en su habitación.
4. ☐ Mientras ☐ Durante mi vida he hecho muchas cosas interesantes.
5. ☐ Mientras ☐ Durante el viaje, vamos a visitar amigos y primos.
6. ☐ Mientras ☐ Durante los niños duermen, yo trabajo.
7. ☐ Mientras ☐ Durante preparo la fiesta, María duerme.
8. ☐ Mientras ☐ Durante hablo, escúchame.

durante + ____________

mientras + ____________

# Nahe Zukunft und Futur

## 29 Voy a trabajar

Die nahe Zukunft ▶ LA1 §21; LV1 §16

**a** Completa la tabla.

| | | | |
|---|---|---|---|
| **francés** | je vais étudier | → | je + aller + INFINITIV |
| **inglés** | I am going to study | → | I + am going to + INFINITIV |
| **español** | yo ________ ________ | → | yo + ________ + ________ |

**b** Traduce y explica la diferencia de las dos frases.

1. Hoy por la tarde voy a comer en casa de mis abuelos.

→ ________________________________________

2. Hoy por la tarde voy a casa de mis abuelos.

→ ________________________________________

*ir a* + Infinitiv = ____________

*ir a* + Substantiv = ____________

## 30 ¿Qué va a hacer Eva?

Die nahe Zukunft ▶ LA1 §21; LV1 §16

Completa las frases con los verbos indicados. (... *angegebenen* ...)

Mañana por la mañana Eva **(ducharse)** ______________________________,

después **(desayunar)** ______________________________. A las 7:00 de la

tarde **(volver a casa)** ______________________________ y luego **(comer)**

______________________________.

A las diez de la noche **(ir al cine)** ______________________________

y finalmente **(acostarse)** ______________________________.

## 31 Iremos mañana

Bildung und Gebrauch des Futurs ▶ LA2 §39

Conjuga los verbos con las formas del futuro simple y completa las terminaciones. (... *Endungen* ...)

| viajar | comer | vivir | terminaciones del *futuro simple* |
|---|---|---|---|
| | | | yo ______________ |
| | | | tú ______________ |
| | | | él/ella ______________ |
| | | | nosotros/vosotros ______ |
| | | | vosotros/vosotras ______ |
| | | | ellos/ellas ______________ |

## 32 Iremos mañana

Bildung und Gebrauch des Futurs ▶ LA2 §39

Marca con el mismo color los infinitivos y las correspondientes formas irregulares del futuro simple.
(*Markiere mit derselben Farbe ... entsprechenden ...*)

tener · pondremos · salir · sabrás · podrán · decir · hacer · haré

poder · saber · saldrá · tendré · diréis · poner

## 33 ¿Qué escribiré?

Bildung und Gebrauch des Futurs ▶ LA2 §39

Completa las frases con el futuro simple.

1. No sé qué ________________ (hacer) nosotros el próximo verano.

Pero creo que vosotros ________________ (ir) a Italia de vacaciones.

2. – ¿Dónde ________________ (estar) Luis?

   – No lo sé. ________________ (estar) trabajando.

3. Después de mi último año de instituto ________________ (viajar) por todo el mundo.

4. Hoy (contestar) ________________ yo el teléfono porque Juan me ________________ (llamar).

# Das Perfekt

## 34 ¿Me has olvidado?

Bildung und Gebrauch des Perfekts ▶ LA1 §28; LV1 §31

Lee el diálogo entre Nacha y Nacho y complétalo con los verbos en pretérito perfecto.

**Nacho:** ¿Dónde ________________ (estar) toda la tarde? Te ________________ (esperar) dos horas aquí.

**Nacha:** Pues, es que hoy ________________ (tener) mucho que hacer... Esta mañana ________________ (ir) a la escuela y después ________________ (comer) en casa de una amiga. Esta tarde ________________ (llegar) muy tarde a casa. En casa también ________________ (tener) que hacer mis deberes para mañana. Y finalmente, ________________ (tomar) el autobús para venir a visitarte. ¿Y tú, Nacho?

***pretérito perfecto*** =
haber + participio

-ar → -ado
-er + -ir → -ido

## 35 ¿Cuándo?

Bildung und Gebrauch des Perfekts ▸ LA1 §28; LV1 §31

Subraya los marcadores temporales del ejercicio anterior y escríbelos en la casilla (... *Kästchen*.).
¿Qué otros marcadores temporales conoces?

______________________ ______________________ ______________________

______________________ ______________________ ______________________

______________________ ______________________ ______________________

## 36 Muy irregular

Bildung und Gebrauch des Perfekts ▸ LA1 §28; LV1 §31

Completa las siete formas irregulares del pretérito perfecto.

escribir: ______________

ver: ______________

poner: ______________

volver: ______________

decir: ______________

hacer: ______________

abrir: ______________

morir: ______________

## 37 ¿Qué ha hecho Nacho?

Bildung und Gebrauch des Perfekts ▸ LA1 §28; LV1 §31

Ahora con los impulsos de la izquierda, escribe la respuesta al ejercicio 34 de Nacho. (... *mit den Vorgaben links* ...)

1. levantarse muy tarde → ______________________________
2. abrir la puerta de casa y hacer frío afuera → ______________________________
3. poner música en mi cuarto y volver a dormir → ______________________________
4. escribir correos electrónicos a amigos → ______________________________
5. ver la televisión → ______________________________

## 38 ¿Qué ha hecho Eva?

Bildung und Gebrauch des Perfekts ▶ LA1 §28; LV1 §31

Estas son algunas de las cosas que Eva ha hecho hoy. Completa las frases.

Hoy por la mañana Eva **(ducharse)**

______________________________,

después **(desayunar)**

______________________________.

A las siete de la tarde **(volver a casa)**

______________________________

y luego **(comer)**

______________________________.

A las diez de la noche **(ir al cine)**

______________________________

y finalmente **(acostarse)**

______________________________.

# Das *pretérito indefinido*

## 39 Ayer trabajé mucho

Bildung des *pretérito indefinido* ▶ LA2 §32; LV1 §46

**a** Conjuga los siguientes verbos regulares en indefinido. Atención a la terminación.

| | trabaj | ar | com | er | viv | ir |
|---|---|---|---|---|---|---|
| **yo** | | | | | | |
| **tú** | | | | | | |
| **él/ella/usted** | | | | | | |
| **nosotros/nosotras** | | | | | | |
| **vosotros/vosotras** | | | | | | |
| **ellos/ellas/ustedes** | | | | | | |

**b** Observa y contesta (*Beobachte* ...).

1. ¿Qué terminaciones son exactamente lo mismo en indefinido y en el presente?
2. ¿Qué conjugaciones son exactamente iguales en el indefinido?
3. ¿Qué letra se repite en toda la conjugación de los verbos en indefinido terminados en -er y en -ir?

## 40 A conjugar

Bildung des *pretérito indefinido* ▶ LA2 §32; LV1 §46

Aquí tienes algunos verbos con los que hay que tener cuidado con la ortografía.
Conjúgalos en indefinido en las personas indicadas. (... *aufpassen auf die Schreibweise* ...)

| 1 | 2 | 3 | 4 | 5 | 6 |
|---|---|---|---|---|---|
| yo | tú | él, ella, usted | nosotros, nosotras | vosotros, vosotras | ellos, ellas, ustedes |

| | leer | sacar | empezar |
|---|---|---|---|
| 4 | | | |
| 1 | | | |
| 6 | | | |
| 3 | | | |

**Achte auf die Schreibweise:**

-c- → qué

-z- → cé

-g- → gué

vocal+ i + vocal: i → y

| | oír | llegar | pagar |
|---|---|---|---|
| 2 | | | |
| 3 | | | |
| 4 | | | |
| 6 | | | |

## 41 ¿Qué hiciste cuándo?

Gebrauch des *pretérito indefinido* ▶ LA2 §33; LV1 §46

Marca todos los marcadores temporales que van con el pretérito indefinido.

hoy — ayer — esta semana — en 1986 — de 1988 a 2006 — el lunes pasado — todavía no — hace un mes

> Das *pretérito indefinido* wird für Handlungen und Ereignisse verwendet, die in der Vergangenheit stattfanden und abgeschlossen sind.

## 42 ¿Qué pasó?

Gebrauch des *pretérito indefinido* ▶ LA2 §33; LV1 §46

¿Qué pasó ayer a las 6:30 de la mañana en casa de los Rodríguez?

La madre ______________________ y el padre ______________________.

Moni y Claudi ______________________________________________.

Los niños ________________________________________________.

## 43 A conjugar

Unregelmäßige Formen des *pretérito indefinido* ▶ LA2 §35; LV1 §47

Aquí tienes verbos que en el pretérito indefinido tienen formas irregulares. Completa la tabla y conjúgalos. Después marca la forma que es irregular.

| | **dormir** | **preferir** | **pedir** |
|---|---|---|---|
| **yo** | | | |
| **tú** | | | |
| **él/ella/usted** | | | |
| **nosotros/nosotras** | | | |
| **vosotros/vosotras** | | | |
| **ellos/ellas/ustedes** | | | |

## 44 Frases ordenadas

Unregelmäßige Formen des *pretérito indefinido* ▶ LA2 §35; LV1 §47

Ordena las frases y conjuga el verbo en negrilla en pretérito indefinido. (... *fettgedruckt* ...)

1. **preferir** • que • estudiar • viajar • Ingrid

2. **dormir** • tres • Marta • de • las • el • y • pasado • Lucía • sábado • hasta • tarde • la

3. **despedirse** • nuestros • de • fiesta • nosotros • la • amigos • en

4. **divertirse** • la • Mónica • fiesta • pero • mucho • en

5. **repetir** - los • muchas • la • niños • canción • veces

## 45 A buscar

Unregelmäßige Formen des *pretérito indefinido* ▶ LA2 §35; LV1 §47

Busca 13 verbos irregulares del pretérito indefinido.
Escríbe todos abajo con la persona conjugada y su infinitivo.

| | | | | | | | | | |
|---|---|---|---|---|---|---|---|---|---|
| a | t | d | g | t | f | e | r | o | t |
| p | u | s | h | u | u | e | s | u | r |
| e | s | t | u | v | e | i | p | i | a |
| h | i | c | b | i | r | z | d | e | j |
| p | u | d | o | m | o | h | i | z | o |
| u | v | i | n | o | n | t | j | e | r |
| s | e | t | s | s | u | p | e | n | o |
| e | q | u | i | s | i | m | o | s | i |

| persona en que está conjugado | verbo encontrado | infinitivo del verbo encontrado |
|---|---|---|
| | | |
| | | |
| | | |
| | | |
| | | |
| | | |
| | | |
| | | |
| | | |
| | | |
| | | |
| | | |
| | | |

# *Pretérito perfecto* und *pretérito indefinido*

## 46 ¿Perfecto o indefinido?

Gebrauch von *pretérito perfecto* und *pretérito indefinido* ▶ LA2 §38; LV1 §52

Lee las siguientes frases y ordénalas bajo el dibujo adecuado. Escribe de qué tiempo del pasado se trata: pretérito perfecto o pretérito indefinido.

En 2003 estuve en Madrid.
Yo nunca he estado en Madrid.
Hoy he ido al cine.
Nosotros fuimos al cine ayer.

*pretérito* ____________________

____________________

____________________

→ vergangene Handlungen, die noch einen inhaltlichen oder zeitlichen Bezug zur Gegenwart haben

*pretérito* ____________________

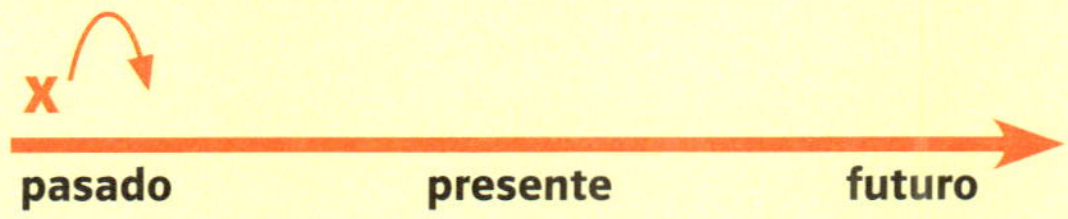


____________________

____________________

→ Handlungen, die in der Vergangenheit stattfanden und völlig abgeschlossen sind

## 47 ¡Qué semana!

Gebrauch von *pretérito perfecto* und *pretérito indefinido* ▶ LA2 §38; LV1 §52

Completa el e-mail de Carla. Cuidado con el tiempo de los verbos.

Hola Carmen:

No te imaginas qué (pasarme) ____________ esta semana. El lunes la profesora (darnos) ____________ un montón de deberes. Todavía no (terminarlos) ____________. Hace dos días (yo, visitar) ____________ a mi abuelo en el hospital porque (caerse) ____________ de las escaleras y (romperse) ____________ la pierna. Y hoy (leer) ____________ mis mails y (ver) ____________ que tú estás enferma también… ¡Qué semana!

Salu2 y hasta pronto,

Carla

## 48 Una biografía

Gebrauch von *pretérito perfecto* und *pretérito indefinido* ▶ LA2 §38; LV1 §52

Completa la biografía con pretérito perfecto o pretérito indefinido. ¿Sabes quién es?

### Biografía de ______________________

__________ (Nacer) en Guadalajara, México, el 30 de noviembre de 1978.

De niño __________ (vivir) en Ciudad de México con su familia. Su primera presentación en televisión la __________ (hacer) a la edad de 9 años. __________ (Estudiar) en Londres durante un tiempo y después __________ (volver) a México.

En 2000 __________ (hacer) una película[1] muy famosa «amores perros» que __________ (ganar) premios en el Festival de Cannes. En 2004 __________ (actuar) en la película de «diarios de motocicleta».

Hasta hoy en día __________ (ganar) mucha fama[2] mundial y __________ (actuar) en muchas películas.

Gael García Bernal

Juanes

Enrique Iglesias

[1] **una película** ein (Kino)Film - [2] **la fama** der Ruhm

# Der Imperativ

## 49 ¡Ven!

Der bejahte Imperativ der 2. Person ▶ LA1 §36; LV1 §29

**a** Conjuga los imperativos afirmativos según la regla. (*Konjugiere den bejahten Imperativ …*)

| | tú | vosotros |
|---|---|---|
| **cantar** | | |
| **leer** | | |
| **escribir** | | |

**tú:** hablar → habla
= Form der 3. Pers. Sing. Präsens

**vosotros:** hablar → hablad
= beim Infinitiv *r* durch *d* ersetzen

**b** Ahora busca las formas de las excepciones. (*… Ausnahmen.*)

| | tú | vosotros |
|---|---|---|
| **(pro)poner** | | |
| **venir** | | |
| **tener** | | |
| **salir** | | |
| **decir** | | |
| **hacer** | | |
| **ir** | | |
| **ser** | | |

## 50 ¡Escribe más!

Der bejahte Imperativ der 2. Person ▶ LA1 §36; LV1 §29

Escribe los imperativos afirmativos según el sentido.

1. Tengo mucho calor. Por favor ____________________ (abrir, vosotros) la ventana.
2. ¿Por qué no hablas? __________________ (decir) algo.
3. Vamos perro: __________________ (venir) y ________________ (salir) de aquí.
4. ________________ (Ser) buenos y ________________ (hacer) vuestros deberes rápido.
5. ¿Tenéis hambre? Entonces ___________________ (comer) algo ahora.
6. ¿Y tú tienes sed? Pues __________________ (tomar) un zumo.

# Das Gerundium

## 51 Estoy trabajando

*estar* + Gerundium ▶ LA1 §38 + LA2 §13; LV1 §37

Escribe la forma del gerundio según la explicación de la columna derecha. (... *Spalte.*)

| | | |
|---|---|---|
| **estar +** | cantar → ______ | Regelmäßige Formen des Gerundiums: -ar → ando; -er / -ir →-iendo |
| | beber → ______ | |
| | salir → ______ | |

| | | |
|---|---|---|
| **estar +** | leer → ______ | Vokal + i + Vokal: i → y |
| | oír → ______ | |
| | creer → ______ | |

| | | |
|---|---|---|
| **estar +** | morir → ______ | Unregelmäßige Formen: o → u; e → i |
| | dormir → ______ | |
| | preferir → ______ | |
| | seguir → ______ | |

## 52 ¿Qué están haciendo?

*estar* + Gerundium ▶ LA1 §38 + LA2 §13; LV1 §37

Mira los dibujos y completa las frases con *estar* + gerundio.

Son las 6:30 de la mañana y toda la casa ya está levantada. Arriba la madre ____________________ (ducharse) y el padre ____________________. (lavarse)

¿Pero qué ____________________ (hacer) los niños? Parece que no ____________________ (preocuparse) del tiempo. Los niños todavía ____________________(divertirse).

¿Y Moni y Claudi? ¿ Qué ____________________ (pasar) en el cuarto de las dos chicas?

En este momento ____________________(levantarse). A ver si llegan al colegio.

¿Y qué pasa abajo? Julián ____________________ (acostarse) a la misma hora a la que los chicos____________________(irse).

# Die indirekte Rede

## 53 ¿Que, si, cuándo?

Indirekte Rede ohne Zeitverschiebung ▶ LA2 §26; LV1 §51

**a** Cambia la siguiente frase al estilo indirecto. ¿Qué cosas cambian?

Marta: Hoy voy a la escuela con mis amigos.

Marta dice ______________________________

Marta ha dicho ______________________________

Marta va a decir ______________________________

Steht das einleitende Verb im ______________, ______________ oder in der nahen ______________, dann ändert sich die Zeit des Hauptsatzes in der indirekten Rede ________.

**b** ¿Cuándo se utliza *que, si, cuándo* etc. en el estilo indirecto? Mira las siguientes frases y escribe sus respectivas frases en estilo directo. Después completa la regla.

| estilo indirecto | estilo directo |
|---|---|
| Juan dice **que** estudia para un examen. | Juan: ______________________________ ______________________________. |
| Maribel pregunta **si** Valeria puede venir a casa. | Maribel: ______________________________ ______________________________. |
| Valeria pregunta **cuándo** puede venir. | Valeria: ______________________________ ______________________________. |

Um die indirekte Rede einzuleiten verwendet man _____ bei Aussagen und _____ bei Fragen. Steht ein Fragewort schon in der direkten Rede, verwendet man es auch in der indirekten Rede.

## 54 Una postal a Gloria

Indirekte Rede ohne Zeitverschiebung ▶ LA2 §26; LV1 §51

María Jesús, Feli y Eva le envían una postal a Gloria. Gloria le cuenta a su amiga Pilar lo que han escrito las chicas.

Querida Gloria:
Estamos aquí todas tus amigas escribiéndote porque pensamos mucho en ti. ¿Cómo estás? ¿Tienes mucho trabajo? ¿Cuándo tienes vacaciones? ¿Quieres venir a visitarnos a Salamanca?
Nosotros queremos verte muy pronto. A lo mejor puedes venir para las Navidades.
Bueno, un beso de todas nosotras.
María Jesús Feli Eva

Gloria Almendros Fuentes
Avinguda Diagonal, 30 der.
08006 Barcelona

Las otras chicas han escrito que ______________________________

______________________________

______________________________

______________________________

______________________________

______________________________

## Das Adverb

### 55 Muy bien

Die ursprünglichen Adverbien ▶ LA1 §7; LV1 §7

**a** Completa las frases con los siguientes adverbios en su sitio adecuado. (... *am richtigen Platz.*)

muy | bien | poco | mucho | muy bien

1. Valeria es ______________ inteligente ______________ porque ______________ estudia ______________ .
2. Ella ______________ habla ______________ inglés y alemán.
3. Valeria: «Me ______________ gusta ______________ hablar ______________ en inglés y en alemán».
4. Valeria ______________ practica ______________ deporte pero nada ______________ .

**b** Y tú, ¿cómo eres? Habla sobre ti. Forma frases con los adverbios del ejercicio anterior. *(Bilde Sätze ...)*

1. Hablar → ______________________________
2. Hablar inglés y alemán → ______________________________

3. Me gusta escuchar música → ______________________________
4. Practicar deporte, nadar → ______________________________

## 56 Más adverbios

Die ursprünglichen Adverbien ▶ LA1 §7; LV1 §7

¿Cuántas posibilidades hay de poner adverbios en estas palabras? Traduce las posibilidades al alemán. (*Wieviele Möglichkeiten ... die Wörter mit ursprünglichen Adverbien zu verbinden? ... übersetze sie ...*).

| | Möglichkeiten | Übersetzung |
|---|---|---|
| **me gusta** | | |
| **interesante** | | |
| **habla** | | |

## 57 Naturalmente

Abgeleitete Adverbien mit der Endung *-mente* ▶ LA2 §36; LV1 §49

**a** Mira los siguientes adverbios y explica cómo se forman. (*... erkläre wie sie gebildet werden.*)

naturalmente     últimamente     tranquilamente     amablemente

______ Form des Adjektivs ______ + -______

**b** ¿Cómo actúan las siguientes personas? Escoge uno de los adjetivos y transfórmalo. (*Wähle ... wandle es um.*)

triste     rápido     abierto     duro     libre

1. Una persona muy nerviosa. Conduce ______.
2. Una persona muy trabajadora. Trabaja ______.
3. Una persona que tiene muchos problemas. Habla ______.
4. Una persona en un hotel «todo incluido». Escoge la comida ______.
5. Una persona que dice siempre la verdad. Habla ______.

# Das Adjektiv

## 58 Bonita y bonito

Das Adjektiv ▶ LA1 §15; LV1 §11

**Stellung des Adjektivs**

Substantiv + *ser* + Adjektiv

Substantiv + Adjektiv

**a** Ordena las palabras para formar frases completas. (*Ordne … um Sätze zu bilden.*)

no • La • es • playa • bonita

1. ______

chicos • La • de • grande • habitación • los • es

2. ______

una • graciosa • Es • niña

3. ______

ciudad • El • de • moderno • metro • la • es

4. ______

Es • museo • un • genial

5. ______

helado • es • Mi • pequeño

6. ______

**b** Completa la siguiente tabla. El ejercicio anterior te puede ayudar. (*Ergänze die Tabelle …*)

| Adjektiv | Singular | | Plural | |
|---|---|---|---|---|
| **Endung auf -o** | un lugar bonit ______ | | los lugares bonit ______ | |
| **Endung auf -a** | una palabra bonit ______ | | las palabras bonit ______ | |
| **Endung auf -e** | un lugar | grand ______ | los lugares | grand ______ |
| | una palabra | grand ______ | las palabras | grand ______ |
| **Endung auf Konsonant** | un lugar | genia ______ | los lugares | genial ______ |
| | una palabra | genia ______ | las palabras | genial ______ |

**c** Ahora completa el adjetivo y después escribe una sola frase. (*Ergänze ...*)

Pablo Neruda

1. Leo dos libros de Pablo Neruda. Los libros son interesant ____.

→ ______________________________

2. Me gustan las películas. Las películas son divertid ____ .

→ ______________________________

3. Me gustan los bares de Valladolid. Los bares son fenomenal _____.

→ ______________________________

4. Mi madre necesita un ordenador[1] y una impresora[2]. Los dos son pequeñ _____.

→ ______________________________

## 59 Un buen chico

Die Verkürzung einiger Adjektive ▶ LA2 §14; LV1 §36

Completa las frases con *bueno, -a, malo, -a, primero -a,* o *tercero -a*. Después completa la regla.

1. Hoy es mi ______________ vez en el cine.
2. ¡ ______________ días!
3. Este es un ______________ libro.
4. Luis, es mi ______________ beso[3].
5. Mamá y papá son las ______________ palabras del niño.
6. María es una ______________ chica.
7. Jaime vive en un piso. El piso es el ______________ piso de la casa.
8. Juan y Luis son ______________ amigos.

| | | |
|---|---|---|
| bueno̸<br>malo̸<br>primero̸<br>tercero̸ | + | Substantiv<br>______________<br>Singular |

[1] **un ordenador** ein Computer – [2] **una impresora** ein Drucker
[3] **un beso** ein Kuss

## 60 Más adjetivos

Die Verkürzung einiger Adjektive ▶ LA2 §14; LV1 §36

*Bueno, malo, primero* y *tercero* pueden también ponerse después del sustantivo. Escribe las frases.
(*... können auch ... stehen. ...*)

1. Un mal hombre. → ____________________
2. Un buen día. → ____________________
3. María vive en el primer piso. → ____________________
4. Juan es el tercer estudiante de su clase. → ____________________

## 61 Conocidísima

Der absolute Superlativ auf *-ísimo* ▶ LA2 §23; LV1 §35

**a** Completa el texto sobre Antonio Gaudí poniende el superlativo absoluto.

Adjektiv + *-ísimo, -a, -os, -as*

**Konsonant am Ende:**
normalísimo, -a

**Vokal am Ende:**
grandísimo, -a

La Sagrada Familia es ____________ **(conocida)**. Es una catedral ____________ **(grande)** y se encuentra en Barcelona, en España. El arquitecto se llama Antonio Gaudí, él pasa ____________ **(muchos)** años de su vida en la catedral, 43 exactamente, hasta su muerte[1].

Durante la construcción[2] Gaudí es ____________ **(importante)** porque sus planes son ____________ **(difícil)**. Después de su muerte nadie sabe como continuar. Es una tarea[3] (difícil) ____________ y ____________ (complicado).

En 2005 una parte ____________ **(precioso)** de la catedral, la fachada del Nacimiento, es declarada[4] Patrimonio Cultural de la Humanidad por la Unesco.

[1] **la muerte** der Tod – [2] **la construcción** der Bau, die Bauzeit
[3] **una tarea** eine Aufgabe – [4] **... es declarada ...** wird zu(m) ... erklärt

**b** Estos animales son muy especiales, pero ¿cómo? Forma el superlativo absoluto.

**Achte auf die Schreibweise:**

-ca(s) / -co(s) } -quísimo, -a, -os, -as

-go(s) / -ga(s) } -guísimo, -a, -os, -as

El burro tiene las orejas muy largas.

Sí, las tiene ____________________.

El mono es un animal muy simpático.

Sí, es ____________________.

El elefante es muy gordo.

Sí, es ____________________.

El oso polar es muy blanco.

Sí, es ____________________.

Los osos perezosos[1] son muy perezosos[2].

Sí, tienen (pocas)

____________________ energías.

Los conejos son muy lindos.
Sí, y también (ricos[3])

____________________.

[1] **el oso perezoso** das Faultier [2] **perezoso, -a** faul
[3] **rico, -a** reich; lecker

## 62 Más grande

Steigerung und Vergleich der Adjektive ▶ LA2 §27; LV1 §43

Ungleichheit: más/menos + adjetivo + que

Gleichheit: tan + adjetivo + como

**a** Mira los dibujos de arriba y completa las frases (P=Pedro, J=Juan, A=Andrés, E=Eva, M=María).

1. Pedro está __________ arriba __________ Juan.
2. Juan está __________ abajo __________ __________.
3. Andrés está __________ abajo que Juan y Pedro.
4. Eva es __________ alta __________ María.

**b** Compara. (*Vergleiche.*)

1. Chile es __________ largo __________ Perú.
2. Ecuador es __________ grande __________ Colombia.
3. Uruguay está __________ abajo __________ Venezuela.
4. Chile es __________ angosto __________ Argentina.
5. Brasil es __________ grande __________ todos los otros países.
6. Pero ningún país es __________ (bueno) ni __________ (malo) que otro. Todos forman el continente Suramericano.

mal / malo → ______________________________

bien / bueno → ______________________________

## 63 El más grande

Der relative Superlativ der Adjektive ▶ LA2 §28; LV1 §53

El pico de Kangchenjunga es alto.
El K2 es más alto.
Pero el Monte Everest es **la montaña más alta** del mundo.

**best. Artikel / Possessivbegleiter + Substantiv + más/menos + Adjektiv**

Aquí tienes diferentes posibilidades. Escoge el país correcto y escribe una frase utilizando el superlativo. (*Wähle das richtige Land aus ...*)

1. Colombia • Argentina • Uruguay • Venezuela → produce muy buen café

______________________________________________

2. Francia • Italia • Austria → tiene buenos quesos

______________________________________________

3. Austria • Alemania • Suiza → produce los coches de buena calidad

______________________________________________

4. Nicaragua • Panamá • Argentina → juega muy bien fútbol

______________________________________________

5. Madrid • La Rioja • las Islas Canarias → tiene/n costas muy largas

______________________________________________

# Pronomen und Begleiter

## 64 Yo, tú, él

Die Subjektpronomen ▶ LA1 §6; LV1 §6

**a** Lee las frases e indica cuál es el pronombre de sujeto. (… *gib das Subjektpronomen an.*)

| | | |
|---|---|---|
| yo | él/ella/usted | vosotros/vosotras |
| tú | nosotros/nosotras | ellos/ellas/ustedes |

Gruppen mit mind. 1 männlichen Wesen:
→ **nosotros, vosotros, ellos**

rein weibliche Gruppen:
→ **nosotras, vosotras, ellas**

1. Siempre estudiamos en la habitación. → ____________________
2. Es genial. → ____________________
3. ¿Cómo te llamas? → ____________________
4. ¿De dónde sois? → ____________________
5. ¿Cómo? No hablo alemán. → ____________________
6. Necesitan un móvil. → ____________________

**b** Completa los bocadillos del dibujo.
Ergänze die Sprechblasen.

____________ soy de Alemania.
¿Y __________?

____________ somos
de España.

________ soy de Madrid y __________
son de Barcelona.

¿Qué escuchas ___________?

¿Quién? ¿___________?

Sí, _______.

_____ escucho metal y __________ escucha jazz.

**c** Marca el acento.
Setze den Akzent.

1. El vive en el pueblo de el. 2. Ella está con el en el museo. 3.El tio de el es genial. 4. ¿El habla con ella o con el?

## 65 Usted/es

Die Subjektpronomen *usted* und *ustedes* ▸ LA1 §24; LV1 §33

**a** Completa el diálogo con la forma correcta.

¿Cómo ____ llama_ ___________?

¿Cómo ____ llama_ ___________?

**Spanische Höflichkeitsform:**
Singular = usted
Plural = ustedes

Verb, Begleiter und Reflexivpronomen stehen alle in der 3. Person Singular oder Plural.

**b** Une las frases con una línea, según su sentido. (*Verbinde …*)

| | |
|---|---|
| 1. Buenos días, señores, | a) ¿qué te pongo? |
| 2. Perdón, señor, ¿dónde | b) vives? |
| 3. Señora Velasco | c) ¿quiere el menú del hoy? |
| 4. Oye, Juan, ¿dónde | d) vive usted? |
| 5. Hola, Pepe, | e) ¿qué quieren comer hoy? |

## 66 Conmigo

Die Personalpronomen nach Präpositionen ▶ LA2 §31; LV1 §45

Traduce las siguientes frases.

| | | | |
|---|---|---|---|
| Präposition | + | **mí**<br>**ti**<br>él/ella/usted<br>nosotros/vosotros<br>nosotras/vosotras<br>ellos/ellas | **aber:** conmigo, contigo, consigo |

Ich habe zwei Bücher für Dich.

1. ______________________________

Sprichst du über mich oder über sie?

2. ______________________________

Kommst du mit mir?

3. ______________________________

Uns gefällt es auch.

4. ______________________________

Es gefällt mir, mit dir alleine am Strand zu sein.

5. ______________________________

Für Euch ist es leicht, Auto zu fahren[1], für mich aber nicht.

6. ______________________________



[1] **conducir (-zco) (un coche)** Auto fahren

## 67 Mi casa es tu casa

Die Possessivpronomen I (*mi, tu, su*) ▶ LA1 §9; LV1 §9

Completa el texto utilizando *mi, tu, su* o sus plurales. Después busca a la persona que habla. (*Ergänze den Text … Weißt du, wer spricht?*)

| | | | |
|---|---|---|---|
| mi<br>tu<br>su | libro<br>casa | mis<br>tus<br>sus | libros<br>casas |

Aquí tienes una foto de mi familia. ¿Quiénes son ________ padres? ¿No sabes? A ver, ________ madre es la de las gafas de sol[1]. ________ padre también lleva gafas de sol. ________ hermanos son tres. Uno es el del helado y ________ otros dos hermanos hablan con ________ primos. ________ primos son los del tenis. Ellos practican mucho deporte. ________ padres que son ________ tíos y tíos de ________ hermanos no están en la foto. Pero ________ y ________ abuelos son los del perro.

¿Sabes quién soy yo? ¿Te gusta ________ familia?

Y ________ familia, ¿cómo es?

[1] **las gafas de sol** die Sonnenbrille

## 68 Vuestro ejercicio

Die Possessivpronomen II (*nuestro, vuestro, su*) ▸ LA1 §10; LV1 §9

**a** Completa la tabla con *nuestro, vuestro, su*. (*Ergänze ...*)

| | | | |
|---|---|---|---|
| nuestr_______ libro | nuestr _______ casa | nuestr _______ libros | nuestr _______ casas |
| vuestr _______ libro | vuestr _______ casa | vuestr _______ libros | vuestr _______ casas |
| su _______ libro | su _______ casa | su _______ libros | su _______ casas |

**b** Transforma las frases a un posesivo plural. Las cosas no son de una persona sino de varias.
(*Bilde den Plural. … gehören mehreren Personen.*)

1. Mi cuaderno es verde. → _______________
2. Tu paella es un desastre. → _______________
3. Necesito sus libros. → _______________
4. Éstas son mis bebidas. → _______________
5. Éste es tu helado. → _______________

## 69 Mi casa es nuestra casa

Die Possessivbegleiter ▸ LA1 §9+10; LV1 §9

Completa la tabla con los pronombres posibles.

| **Besitzer im Singular**<br>Besitz im Singular oder Plural | **Besitzer im Plural**<br>Besitz im Singular oder Plural |
|---|---|
| mi casa | nuestra casa |
| mis _______________ | _______________ casas |
| tu casa | _______________ casa |
| tus _______________ | _______________ casas |
| su casa | su _______________ |
| sus _______________ | _______________ casas |

## 70 Nuestros hijos

Die Possessivbegleiter ▶ LA1 §9+10; LV1 §9

¿Qué dicen las personas?

A

__________ hijos son Andrés y Antonio.

Ellos siempre están en __________ habitaciones.

Antonio estudia con __________ amigos y

Andrés está con __________ amigo, Nacho.

B

En __________ casa no puedo estudiar.

__________ hermano y __________

amigo entran siempre en __________ habitación.

__________ padres siempre preguntan algo.

C

—¿Dónde están __________ padres, Nacho?

—__________ madre está en __________ casa

y __________ padre está en un restaurante con

__________ amigos.

## 71 Este chico

Die Demonstrativbegleiter und -pronomen ▶ LA1 §25; LV1 §42

**a** Completa la regla con *este, ese* o *aquél.*

Necesito ________________ cuaderno de aquí, ________________ libro de ahí y ________________ lápiz de allí.

**b** David, el chico de arriba, quiere muchas cosas más. Ordena las siguientes cosas en las columnas correspondientes y escribe los objetos en el dibujo según se encuentran con referencia a David.
(*... je nachdem wo sie sich mit Bezug auf David befinden.*)

«También necesito aquel bolígrafo, este teléfono, aquellos chocolates, esas gafas, estos libros, aquella radio, ese jersey, esta camiseta y esos calcetines, por favor».

| **aquí** | **ahí** | **allí** |
|---|---|---|
| ______________ | ______________ | ______________ |
| ______________ | ______________ | ______________ |
| ______________ | ______________ | ______________ |

## 72 Este chica

Die Demonstrativbegleiter und -pronomen ▶ LA1 §25; LV1 §42

**a** Luisa habla con una amiga por teléfono y también quiere muchas cosas de ella. Escoge el demonstrativo adecuado.

Hola Juana. ¿Me puedes traer **este/aquel** vestido rosa tan elegante? Es que tengo que ir a una fiesta mañana en la casa de María, **aquella/aquel** novia de Luis, ¿te acuerdas? y quiero estar muy guapa.

Pues, el problema Luisa es que yo también voy a ir a **esa/eso** fiesta porque **aquella/esta** chica también es amiga de mi marido.

¡**Eso/Aquel** es una lástima! Pero entonces nos vemos en **esta/esa** fiesta. Pero entonces puedes ir conmigo a comprar un vestido.

Muy bien, nos encontramos en **aquel/aquella** bar donde venden **esos/esas** bocadillos tan ricos. ¿Lo conoces?

Si, claro. Oye, ¿me puedes llevar **aquellos/aquel** zapatos negros tan lindos que tú tienes?

Pero es que exactamente **esas/esos** son los que me voy a poner yo **esa/ese** noche.

Pues nada, entonces voy a comprar zapatos nuevos también. Tenemos que ir a **aquella/esta** tienda nueva de zapatos.

Ah, y yo conozco otra tienda donde trabaja **aquella/esta** chica, la madre de Juanita.

Bien, entonces nos vemos **esta/aquella** tarde a las cuatro.

**Ese/Eso** me parece muy tarde, mejor a las dos.

Muy bien. Adiós.

Adiós.

**b** Nuria quiere muchas cosas y Mario tiene que pasarle todo. Mira el dibujo y contesta por Mario. Cuidado con los demonstrativos.

| Nuria: | Mario: |
| --- | --- |
| ¿Me pasas esas cosas, por favor? | ¿Qué cosas? Las ___________________ . |
| ¿Puedes darme esto también? | Ah, quieres ________________________. |
| También quiero aquel y no aquellas. | Entonces, te doy __________________ y no _________________. ¿Verdad? |

## 73 Todos los ejercicios

Das indefinite Pronomen und der indefinite Begleiter *todo* ▶ LA1 §20; LV1 §39

**a** Completa el texto con *todo, -a, -os, -as.*

«__________ los días voy al instituto. __________ la clase es muy guay. El problema es que __________ tenemos problemas con casi __________ los profesores porque casi __________ los exámenes son muy difíciles. __________ piensan que no estudiamos y que pasamos __________ el día frente al[1] televisor[2]. __________ es muy difícil. Queremos mostrar que sabemos __________ que sólo las notas no lo muestran».

**b** Ahora marca en el ejercicio a con azul *todo* como pronombre y con rojo *todo* como adjetivo. Ponlos después en la tabla y completa la regla.

| *todo* als Pronomen | *todo* als Begleiter |
|---|---|
| | |
| | |
| | |
| | |

Als Pronomen hat *todo* im Singular nur die __________ Form.

Als Begleiter wird *todo* immer an das __________ angeglichen.

## 74 Otra frase

Der indefinite Begleiter und das Pronomen *otro* ▶ LA1 §29; LV1 §22

Traduce las siguientes frases al alemán.

1. ¡Puede traer otro zumo, por favor? → __________
2. No sé dónde están los otros. → __________
3. ¿Tiene otra blusa en azul? → __________
4. Deseo/Quiero tomar otra. → __________
5. ¿Han venido Pedro y los otros a la fiesta? → __________

*otro* entpricht dem deutschen ein __________ + noch __________.

[1] **frente a** vor – [2] **un televisor** ein Fernseher, Fernsehapparat

## 75 Otro, mismo y más

Unbestimmte Begleiter und Pronomen ▸ LA2 §9 +29; LV1 §22, 39 + 41

Utiliza las formas *todo, otro, mismo, algún/alguno, ningún/ninguno.*

¿Crees que hay ________________ persona que no conoce el Chupa Chups?

¿Crees que existe ________________ país en el mundo sin Chupa Chups?

________________ comienza en 1957 cuando Enric Bernat tiene la idea del «chupa chups». Un estudio muestra que de ________________ los dulces que se comen en ese tiempo en España un 67 % lo comen las personas de menos de 16 años. Bernat piensa que los niños no tienen que tocar ________________ dulce con las manos.

Chupa Chups nace en Asturias, en el norte de España.

El actual logotipo lo hace el ________________ Salvador Dalí. Y este ________________ Chupa Chupas es conocido en ________________ el mundo con los ________________ colores y sabores. Hasta 1993 se venden 30.000 millones de Chupa Chups al año en ________________ el mundo.

Ese ________________ año empieza también la producción en China.

Si no has comido ____________, puedes salir ahora y comer _________ en _________ tienda de _________ esquina.

## 76 ¿En qué película piensas?

Die Interrogativpronomen *cuál/cuáles* und *qué* ▶ LA2 §19

**a** Completa las preguntas con *cuál*, *cuáles* o *qué* según el sentido.

> **qué:** als Fragepronomen "Was?"; begleitet ein Substantiv
>
> **cuál / cuáles:** bezieht sich auf bekannte Gegenstände oder Personen

1. ¿ ________________ quieres comer hoy? – Quiero comer paella.
2. ¿ ________________ película quieres ver: la alemana o la inglesa? – La alemana, claro.
3. Hay dos vestidos. ¿ ________________ es el más bonito? – El rojo.
4. ¿ ________________ es tu novio? ¿El de verde o el de negro? – El de negro.
5. ¿ ________________ libro lees ahora? – Uno de un escritor colombiano.

**b** El dilema del *cuál*, *cuáles* o *qué*. Completa los huecos.

Todas las mañanas tengo el mismo problema. No sé ________________ ponerme. No sé ______________ pantalón me gusta. Tampoco sé ______________ desayunar. No sé ______________ de los diez cereales comer. Antes de salir de casa, miro mis zapatos y otra vez el mismo problema. ¿ ______________ hacer? ¿ ______________ me pongo? Tengo cuatro pares de zapatos, pero ¿ ______________ me pongo? Al fin elijo los negros y salgo a la calle y no estoy segura, ¿ ________________ es el bus que tengo que tomar? Tomo el primero que llega y ahora a estudiar. De nuevo me pregunto, ¿ ______________ tengo que estudiar? ¿ ______________ ejercicios tengo que hacer? En pocas palabras soy un desastre.

**c** Completa los huecos con *cuál*, *cuáles* o *qué* y relaciona las frases.

| | |
|---|---|
| 1. ¿ ________________________ hacemos? | a) No lo sé. |
| 2. ¿A ________________________ vamos? | b) Los negros. |
| 3. ¿ ________________________ películas te gustan? | c) Todas. |
| 4. Hay cuatro buenas, ¿ ________________________ prefieres? | d) Vamos al cine. |
| 5. ¿A ________________________ de los cuatro teatros? | e) A las seis. |
| 6. ¿A ________________________ hora vamos? | f) Pues, una de amor. |
| 7. ¿Y ________________________ zapatos quieres? | g) Al de la esquina. |

## 77 Me gusta

Die indirekten Objektpronomen ▶ LA1 §31; LV1 §26

**a** Estás son fotos de diferentes personas famosas. Completa los textos y decide qué foto o personaje pertenece a qué diálogo. (*... welche Person zu welchem Dialog passt.*)

«__________ gusta el deporte. Pero también ______ encanta ir al cine y con mis amigos. Después, juntos, _________ contamos cosas y yo ________ cuento cosas de mis viajes».

Nombre: ____________________

«_________ encantan todos los deportes. A los fanáticos de los coches rápidos _________ interesa mucho lo que yo hago. A mí ellos también _________ interesan mucho».

Nombre: ____________________

«_________ encanta la música y bailar. En mi casa a todos _________ gusta bailar. También _________ interesa mucho ayudar a los niños de mi país».

Nombre: ____________________

Shakira

Rafael Nadal

Fernando Alonso

**b** Completa la tabla con los pronombres indirectos. Los diálogos del ejercicio 77 a te ayudan.

| | | | | |
|---|---|---|---|---|
| 1. Person Singular | ____________ | 1. Person Plural | ____________ | |
| 2. Person Singular | ____________ | 2. Person Plural | ____________ | + Verbo (encanta) |
| 3. Person Singular | ____________ | 3. Person Plural | ____________ | |

## 78 Luis me ha escrito

Die Stellung der Pronomen ▸ LA1 §34; LV1 §27

Tacha los pronombres directos, indirectos o reflexivos incorrectos. Sólo hay uno correcto por frase. (*Streiche … durch. …*)

1. ¿Ya has comprado la fruta? – No, no *la* he *la* comprado *la* todavía.
2. ¿Vas a decirle algo a tus padres? – Sí, *les* voy *les* a *les* contar algo.
3. Te quiero *te* invitar a comer hoy *te*.
4. Juan *nos* acaba *nos* de *nos* llamar.
5. ¿Estás leyendo el libro? – Sí, *lo* estoy *lo* leyendo.
6. *Le* no *le* pienso *le* escribir hoy le.
7. ¿*Os* habéis *os* levantado tarde *os*?
8. Ahora *nos* tenenemos *nos* que *nos* despedir.

**Sätze mit Infinitiv:**
die Objektpronomen oder Reflexivpronomen stehen _______ dem konjugierten Verb

**Partizip Perfekt:**
die Objektpronomen oder Reflexivpronomen stehen _______ der konjugierten Form von *haber*

## 79 ¿Lo has visto?

Die direkten Objektpronomen ▸ LA2 §16; LV1 §28

Completa el diálogo con el pronombre de objeto directo.

Mamá, ¿sabes dónde está mi bolígrafo?

No Pepito, no _______ he visto.

¿Y mis plumas?

Tampoco _______ he visto.

¿Y mi goma?

Lo siento, no _______ he visto tampoco.

¿Y mis lápices de colores?

¿No _______ tienes en tu maleta?

Mi maleta tampoco _______ encuentro.

Entonces, _______ has dejado en el instituto.

| | |
|---|---|
| me | nos |
| te | os |
| **lo/la** | **los/las** |

## 80 A mi madre la quiero mucho

Die direkten Objektpronomen ▶ LA2 §16; LV1 §28

Transforma las siguientes frases en frases con el objeto directo al comienzo para resaltarlo.
(*... mit dem direkten Objekt am Satzanfang, um es hervorzuheben.*)

| | | |
|---|---|---|
| Yo encuentro mi maleta. | → | Mi maleta la encuentro yo. |
| Subjekt + Verb + **Objekt** | | Objekt + **Pronomen** + Verb |

→ Steht das direkte Objekt am Satzanfang, dann muss das entsprechende Objektpronomen vor dem Verb ergänzt werden.

1. Yo me como la paella. ______________________
2. Nosotros leemos el libro. ______________________
3. Vosotros habéis escrito el mensaje. ______________________
4. ¿Tú haces la cena? ______________________
5. Pepito encuentra el bolígrafo. ______________________
6. Marién guarda las muñecas de sus hijas en el armario. ______________________
7. ¿Habéis visto a Laura y Sofía esta mañana? ______________________
8. He ayudado mil veces a Carmen y nunca me escucha. ______________________
9. El camarero trae las cartas a la mesa. ______________________

## 81 Todos los pronombres

Unterschiedliche Pronomen für die dritte Person ▶ LA2 §17

Completa la tabla con todos los pronombres y marca los que son iguales.

| Subjektpronomen | indirekte Objektpronomen | Reflexivpronomen | direkte Objektpronomen |
|---|---|---|---|
| **yo** | | | |
| **tú** | | | |
| **él, ella, usted** | | | |
| **nosotros, nosotras** | | | |
| **vosotros, vosotras** | | | |
| **ellos, ellas, ustedes** | | | |

## 82 ¿Lo, la, le o se?

Unterschiedliche Pronomen für die dritte Person ▶ LA2 §17

Mira el dibujo y completa las frases con los pronombres necesarios.

Cuando Luisa ____________________ levanta llama a su madre.

Su madre ___________________ escucha y entonces ______________________ trae el desayuno.

Su padre ____________________ mira.

Su perro ____________________ acuesta al lado de Luisa.

El perro ____________________ llama Paquito y a Luisa ___________________ gusta mucho.

Luisa __________________ da de su desayuno.

El perro ____________________ alegra y ______ da las gracias[1] a Luisa.

Su padre ____________________ mira de nuevo, pero no ___________________ dice nada.

## 83 ¿Me lo das?

Zwei Pronomen beim Verb ▶ LA2 §37; LV1 §50

Escribe las frases utilizando los pronombres adecuados de la casilla.
(... *und verwende die passenden Pronomen aus dem Kästchen.*)

| | |
|---|---|
| ~~le(s)~~ se | + lo (s)<br>+ la (s) |

se los | me los | nos la | se la | se las | me lo

os las | te la | te las | se lo | me la

1. ¿Me trae la carta? — 1. ______
2. ¿Me das dinero? — 2. ______
3. ¿Me envías los libros? — 3. ______
4. Sabine ha regalado chocolates a su hija. — 4. ______
5. Nos da una sorpresa. — 5. ______
6. Os he traído las cartas. — 6. ______
7. ¿Te enseña las fotos? — 7. ______

## 84 ¡Dámelo!

Zwei Pronomen beim Verb ▶ LA2 §37; LV1 §50

Convierte las siguientes frases al imperativo con los respectivos pronombres de objeto.
(... *entsprechenden Objektpronomen.*)

| verbo | sujeto | objeto directo | objeto indirecto | imperativo + pronombres de objeto |
|---|---|---|---|---|
| traer | tú | el libro | a Juan | ¡ ______ ! |
| dar | usted | las flores | a la abuela | ¡ ______ ! |
| preguntar | tú | algo | a Luisa | ¡ ______ ! |
| explicar | ustedes | el ejercicio | a los alumnos | ¡ ______ ! |
| poner(se) | tú | la camiseta | tú mismo | ¡ ______ ! |

## 85 Eso es

Das neutrale Objektpronomen *lo* und *eso* ▶ LA2 §21; LV1 §48

**a** Completa con el pronombre de objeto directo.

1. ¿Has dicho **la verdad**? → Sí, __________ he dicho.
2. ¿Has dicho **el secreto**? → Sí, __________ he dicho.
3. ¿Has dicho **que vamos a ir esta noche a la fiesta**?

   → Sí, __________ he dicho.

Als direktes Objekt kann sich lo auf ein __________ im Singular beziehen oder auf einen ganzen __________. Im deutschen wird es dann mit ______ übersetzt.

**b** Completa las frases con *eso* o *lo*.

Das Pronomen eso wird verwendet, wenn man sich auf etwas nicht genau Definiertes bezieht. Wie *lo* kann es sich ebenfalls auf einen ganzen Satz beziehen. Im deutschen wird es mit __________ oder __________ übersetzt.

1. ¿Vas a ir a la fiesta? – No __________ sé todavía.

   Tengo que hablar de __________ con mis padres.
2. ¿Ya le has pedido el libro a Juan? –

   No, no __________ he hecho.
3. ¿Te gusta salir con tus amigos a comer? –

   Sí, __________ me encanta.

## 86 Un poco más

Das neutrale Objektpronomen *lo* und *eso* ▶ LA2 §21; LV1 §48

Completa con *eso* o *lo*.

1. ¿Qué es ______ ? – ______ siento, no ______.
2. ¿Estás enfadado por ______ de antes? – No, no es ______ .
3. ¿Sabes ______ que pasa? – No, ______ es un secreto y por eso nadie ______ sabe.
4. ¿Quieres __________? – Pues, a mí, ______ no me gusta pero ______ voy a probar.
5. Bueno, habla, cuéntame ______ que pasa. – No sé que es ______ que quieres oír pero si me ______ dices, entonces te ______ digo.

## 87 Estoy haciéndolo

Die Stellung der Pronomen bei Infinitiv, Gerundium und Imperativ
▶ LA1 §37; LA2 §22; LV1 §30,38

Forma frases como en los ejemplos utilizando pronombres directos e indirectos o reflexivos.

# ¡Cuidado con el acento!

**Gerundium:**
**Me** estoy duchando. = Estoy duch**á**ndo**me**.

**Infinitiv:**
**Se lo** voy a decir. = Voy a dec**í**r**selo**.

**bejahter Imperativ:**
¡D**á**m**elo**!
levantarse + vosotros → ¡Levant**a**os!

| | Gerundium | Infinitiv (mit querer) | bejahter Imperativ |
|---|---|---|---|
| **tú contar a Juan algo** | Estás contándoselo.<br>Se lo estás contando. | __________<br>__________ | __________ |
| **vosotros levantarse** | __________<br>__________ | __________<br>__________ | __________ |
| **ustedes mirar las fotos** | __________<br>__________ | Quieren mirarlas.<br>Las quieren mirar. | __________ |
| **usted regalar flores a su madre** | __________<br>__________ | __________<br>__________ | __________ |
| **tú hacer un bocadillo a mí** | __________<br>__________ | __________<br>__________ | Házmelo. |

## 88 Una chica que viene de Madrid

Relativsätze mit *que* ▶ LA1 §16; LV1 §17

Escribe sólo una frase usando el pronombre relativo *que*. Schreibe nur einen Satz und verwende das Relativpronomen *que*.

Singular + Plural, weiblich + männlich,
**que** = Personen, Sachen oder Tiere,
als Subjekt oder Objekt

1. Mi amiga vive en Salamanca. Salamanca es una ciudad muy guay.

______________________________

______________________________

______________________________

2. El chico está en la fiesta. El chico se llama Luis.

______________________________

______________________________

______________________________

3. Busco mi diccionario. El diccionario es grande y verde.

______________________________

______________________________

______________________________

4. Me gustan los chocolates. Los chocolates son de Suiza[1].

______________________________

______________________________

5. Estudio gramática. La gramática es muy importante.

______________________________

______________________________

6. Me gusta la paella. La paella tiene mariscos[2].

______________________________

______________________________

[1] **la Suiza** die Schweiz – [2] **los mariscos** die Meeresfrüchte

# Zahlen und Uhrzeit

## 89 El reloj

Die Uhrzeit ▶ LA1 §12; LV1 §18

**a** Completa el reloj.
Ergänze die Uhrzeit.

**Es la una** ____________

**Es la una** ____________

**Es la una** ____________

**Es la una** ____________

**b** Contesta la pregunta.
Perdón, ¿qué hora es?

 ____________

 ____________

 ____________

 ____________

 ____________

 ____________

## 90 El reloj

Die Uhrzeit ▸ LA1 §12; LV1 §18

Responde utilizando *de la mañana*, *de la tarde* o *de la noche* según los dibujos.
Antworte mit *de la mañana*, *de la tarde* oder *de la noche*, je nach Bild.

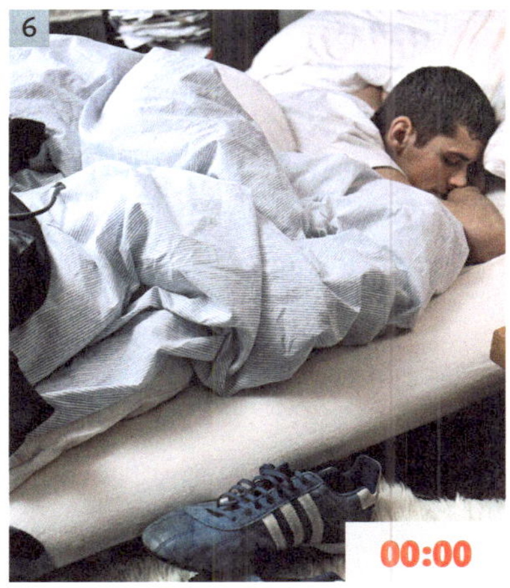


1. ¿Cuándo estudias? ____________________
2. ¿Cuándo comes? ____________________
3. ¿Cuándo practicas deporte? ____________________
4. ¿Cuándo llegas a casa? ____________________
5. ¿Cuándo lees? ____________________
6. ¿Cuándo duermes? ____________________

## 91 Un, dos, tres

Die Zahlen von 0 bis einhundert

**a** Completa las tablas de los números siguiendo determinados criterios.
Ergänze die Zahlenleisten nach dem vorgegebenen Muster.

| | | | | | | |
|---|---|---|---|---|---|---|
| uno | | tres | | cinco | | siete |

| | | | | | | | | | |
|---|---|---|---|---|---|---|---|---|---|
| dos | | | | diez | doce | | | | veinte |

| | | | | | | |
|---|---|---|---|---|---|---|
| diez | | veinte | veinticinco | | | cuarenta |

| | | | | | | | | | |
|---|---|---|---|---|---|---|---|---|---|
| diez | veinte | | | | | setenta | | | cien |

| | | | | | |
|---|---|---|---|---|---|
| cuarenta y tres | | cuarenta y nueve | cincuenta y dos | | cincuenta y ocho |

**b** Escribe el número en letras que va antes y el que va después del número dado.
Schreibe die folgende und die vorhergehende Zahl.

| antes | | después |
|---|---|---|
| | 77 | |
| | 84 | |
| | 55 | |
| | 43 | |
| | 92 | |
| | 61 | |
| | 36 | |

## 92 Primero, segundo y más

Ordnungszahlen bis 10 ▶ LA2 §15

**a** Escribe los números ordinales y completa la regla.

| |
|---|
| 1er · 1º · 1ª |
| 2º · 2ª |
| 3er · 3º · 3ª |
| 4º · 4ª |
| 5º · 5ª |
| 6º · 6ª |
| 7º · 7ª |
| 8º · 8ª |
| 9º · 9ª |
| 10º · 10ª |

Die Ordnungszahlen verhalten sich wie

__________________.

Meistens stehen sie vor dem Substantiv und gleichen sich in

________________ und

__________________ daran an.

Vor einem __________________ Substantiv im Singular verlieren *primero* und *tercero* das *-o*.

**b** Contesta las preguntas mirando el número que está en paréntesis.
Beantworte die Fragen und beachte dabei die Zahl in Klammern.

1. ¿Dónde vives? – En el ____________________________ (1) piso.
2. ¿Conoces a tus vecinos? – Pues, no a todos. El del __________________ (2) es un señor mayor, en el ____________________________ (3) vive una familia con dos niños y en el ____________________________ (4) vive una chica de mi escuela y el ____________________________ (5) y ____________________________ (6) no sé quienes son.
3. ¿Ya conoces Madrid? – No, es la ____________________________ (1) vez que voy.
4. ¿Y tú madre? – Pues, ella sí conoce Madrid. Es su ________________________ (10) vez.

## 93 De cien a mil

Die Zahlen von einhundert bis tausend ▶ LA2 §24

**a** Lee la regla y completa los números con todas las formas de género y número posibles para cada uno de ellos. (*... mit allen möglichen Formen in Genus und Numerus ...*)

1. 100 ______
2. 108 ______
3. 143 ______
4. 500 ______
5. 359 ______
6. 888 ______
7. 264 ______
8. 431 ______
9. 521 ______
10. 301 ______

Die Zahl 100 heißt auf Spanisch

______.

Von 101 bis 199 sagt man

______.

*Ciento* ist unveränderlich.

Alle anderen Hunderterzahlen gleichen sich in Genus und Numerus an das Substantiv an, auf das sie sich beziehen.

Dasselbe gilt für *uno* und *una* und alle Zahlen die darauf enden.

**b** Ahora completa las frases.

1. En mi instituto hay 358 ______ niñas y 387 ______ niños.
2. También tenemos 105 ______ profesoras y 129 ______ profesores.
3. En total somos ______ niños y ______ profesores.
4. ¿Y los animales? En mi ciudad hay 121 ______ gatos y 181 ______ gatas y 167 ______ perros.

## 94 Más números

Die Zahlen ab tausend ▶ LA2 §34

**a** Lee las reglas y escribe los números de la derecha.

**Nach *mil* steht keine Präposition.**

1000 ______________________________

1001 ______________________________

1010 ______________________________

1100 ______________________________

***Mil* ist unveränderlich.**

1000 ______________________________

1000 ______________________________ euros

1000 ______________________________ personas

2000 ______________________________

20 000 ______________________________

**Die Hunderttausenderzahlen passen sich an das Geschlecht des Substantivs an.**

200 000 ______________________________

200 000 ______________________________ euros

200 000 ______________________________ personas

**b** Un poco de matemáticas. (... *Mathe.*)

1. Una persona compra 1141

   ______________________________________

   libros.

   Cada libro cuesta 25 €. ¿Cuánto tiene que pagar?

   ______________________________________.

2. El padre de Luisito tiene una tienda de verduras. Él tiene que

   comprar 3330 ______________________________

   tomates, 5350 ______________________________

   zanahorias y 1520 ____________________________

   aguacates. ¿Cuántos vegetales compró?

   ______________________________________

**c** Ahora un poco de historia. ¿En qué año pasaron los siguientes eventos? Búscalo y escríbelo con letras.

**1939 1989 1978 1492 1969 1945**

| | |
|---|---|
| **El descubrimiento de América** | |
| **La reunificación de Alemania** | |
| **El comienzo de la Segunda Guerra Mundial** | |
| **El comienzo de la Democracia en España y la constitución** | |
| **La primera bomba atómica en Hiroshima** | |
| **El primer viaje a la luna con personas** | |

# Die Verneinung

## 95 No, no, no

Die doppelte Verneinung ▶ LA2 §25; LV1 §41

**a** Completa la regla escribiendo frases que siginifican lo mismo.

| | | | |
|---|---|---|---|
| Nada me gusta. | = No me gusta nada. | Nadie me habla. | = ____________________ |
| Maribel nunca bebe café. | = ____________________ | Tampoco hablo mucho. | = ____________________ |

**b** Elisa habla de las fiestas de Ana. Elige cuáles de las frases son gramaticalmente correctas.

1. ☐ Una fiesta en casa de Ana es divertida nunca.
   ☐ Una fiesta en casa de Ana no es divertida nunca.
   ☐ Una fiesta en casa de Ana no es nunca divertida.

2. ☐ De la fiesta nadie me gusta.
   ☐ De la fiesta me gusta nadie.
   ☐ Nadie de la fiesta me gusta.

3. ☐ Tampoco hay muchas cosas para comer o para beber.
   ☐ No hay tampoco muchas cosas para comer o para beber.
   ☐ Hay muchas cosas para comer o para beber tampoco.

4. ☐ Y pone nunca música de los charts para bailar.
   ☐ Y nunca pone música de los charts para bailar.
   ☐ Y no pone nunca música de los charts para bailar.

5. ☐ Además, Ana y sus amigas dicen o hacen nada interesante.
   ☐ Además, Ana y sus amigas no dicen o hacen nada interesante.
   ☐ Además, Ana y sus amigas no dicen o hacen interesante nada.

6. ☐ En fin, las fiestas de Ana no nos interesan ni a mí ni a mis amigos.
   ☐ En fin, las fiestas de Ana nos interesan ni a mí ni a mis amigos.
   ☐ En fin, las fiestas de Ana no nos interesan a mí ni a mis amigos.

**c** Escribe la doble negación de las siguientes frases.

1. María habla mucho. → ____________________
2. Todos están aquí. → ____________________
3. Nosotros siempre vamos al cine. → ____________________
4. Juan también va con nosotros a la fiesta. → ____________________
5. Mercé y Ana comen paella. → ____________________

## Präpositionen und Konjunktionen

### 96 De *de* y de *en*

Die Präpositionen *de* und *en* ▶ LA1 §3; LV1 §3

**a** Escribe la preposición correcta delante de la regla y escribe una frase de ejemplo abajo.
Schreibe die richtige Präposition vor die Regel und schreibe danach einen Beispielsatz darunter.

______________ Drückt Besitz oder Zugehörigkeit aus.

______________ Um die Herkunft auszudrücken

______________ Antwortet auf die Frage wo?

______________ Um eine Person aus einer Gruppe zu identifizieren.

de

en

1. ______________________________________________

2. ______________________________________________

3. ______________________________________________

4. ______________________________________________

**b** Mira los dibujos y completa las frases con *de* o *en*. Y si es necesario utiliza *del*.
Schau die Bilder an und ergänze die Sätze mit *de* oder *en*. Falls notwendig, benutze *del*.

Soy ______ Madrid.

Madrid está ______ España.

Es la paella ______ Pablo.

La paella es ______ España, también.

Lucía está _____ el museo Dalí _____ Figueres.

Figueres está _____ España.

Es la habitación _____ Enrique.

Enrique es el chico _____ teléfono.

## 97 Con o sin *a*

Das direkte Objekt ▶ LA1 §11; LV1 §10

**a** Mira los dibujos y completa la regla.
Schau dir die Zeichnungen an und ergänze die Regel

Verb + ***a*** + ____________________

und ____________________

Verb + ____________________

**b** Con *a* o sin *a*. Marca la respuesta correcta.
Mit *a* oder ohne *a*. Kreuze die richtige Antwort an.

☐ Veo a los chicos.
☐ Veo los chicos.

☐ Compro un helado.
☐ Compro a un helado.

☐ Veo a la chica del helado.
☐ Veo la chica del helado.

☐ Veo un gato.
☐ Veo a un gato.

☐ Abro a la puerta.
☐ Abro la puerta.

☐ Visito a Madrid.
☐ Visito Madrid.

☐ Te doy el libro.
☐ Te doy al libro.

☐ Escucho el niño.
☐ Escucho al niño.

☐ Visito a Luis.
☐ Visito Luis.

**c** Escribe por lo menos 10 frases con las palabras de la tabla.
Schreibe mindestens 10 Sätze mit den Wörtern der Tabelle.

| | | | |
|---|---|---|---|
| El niño | compran | a | su abuela |
| Nosotros | visita | --- | un coche nuevo |
| Los chicos | necesito | | música |
| yo | escuchamos | | una carta importante |
| Luisa | busca | | mis amigos |
| Javier | ama[1] | | nuestros niños |
| | espera | | helados |
| | | | el museo |
| | | | su madre |
| | | | mi libro |
| | | | su marido |

1. ___
2. ___
3. ___
4. ___
5. ___
6. ___
7. ___
8. ___
9. ___
10. ___

[1] **amar** lieben

## 98 Dos kilos de manzanas

Mengenangaben mit *de* ▶ LA1 §26; LV1 §44

**+ de + Substantiv**

two kilos + of + apples
dos kilos + de + manzanas

aber: zwei Kilo Äpfel

Aquí tienes los ingredientes que necesitas para hacer un gazpacho. Escríbe en letras las cantidades.
*(... Zutaten für Gazpacho. ...)*

GAZPACHO
Ingredientes para 4 personas

2 Kg tomates
1 Kg pimientos[1] verdes
1/2 Kg pimiento rojo
1 1/2 Kg pepino[2]
1 diente de ajo[3] (opcional)
1/4 Kg pan del día anterior
un poco: sal, aceite[4] y vinagre[5]

Para el gazpacho para 4 personas necesitas

[1] **un pimiento** ein Paprika – [2] **un pepino** eine grüne Gurke – [3] **un diente de ajo** eine Knoblauchzehe [4] **el aceite** das Olivenöl – [5] **el vinagre** der Essig

## 99 Creo que

Objektsätze mit *que* (dass) ▶ LA1 §30; LV1 §32

Empieza siempre con *Yo pienso que* … o *Yo creo que* … .

*creer* } + *que*
*pensar* }

Vor *que* steht im Spanischen kein Komma.

Hay vida en otros planetas.

1. ______

El fin del mundo viene pronto.

2. ______

En poco tiempo en todos los países va a cambiar mucho el tiempo.

3. ______

Para aprender un idioma lo mejor es ir al país donde se habla.

4. ______

Las mujeres y los hombres son iguales.

5. ______

Ver la tele es muy importante para la vida.

6. ______

## ¡Controla tu trabajo!

| Número del ejercicio | Ha sido fácil ☺ | No ha sido tan fácil ☹ | Ya lo has repetido ☺☺ |
|---|---|---|---|
| | | | |
| | | | |
| | | | |
| | | | |
| | | | |
| | | | |
| | | | |
| | | | |
| | | | |
| | | | |
| | | | |
| | | | |
| | | | |
| | | | |
| | | | |
| | | | |
| | | | |
| | | | |
| | | | |
| | | | |

| Número del ejercicio | Ha sido fácil ☺ | No ha sido tan fácil ☹ | Ya lo has repetido ☺☺ |
|---|---|---|---|
| | | | |
| | | | |
| | | | |
| | | | |
| | | | |
| | | | |
| | | | |
| | | | |
| | | | |
| | | | |
| | | | |
| | | | |
| | | | |
| | | | |
| | | | |
| | | | |
| | | | |
| | | | |
| | | | |
| | | | |

**1 a**
¿ ? – ¡ ! – « »
**b**
¡Hola! – Hola, soy Mario. – ¡Genial!, también soy Mario. – ¿También eres de Valladolid? – No, soy de Roses.
¿Cómo te llamas? – Me llamo Alberto. – ¿Eres el hermano de Flavia? – No, soy el primo de Flavia. – ¿De dónde eres? – De Hamburgo.

**2 a**
-s: los pueblos, los museos, los deportes, las playas, las costas, los vídeos, los helados, los chicos, las bebidas;
-es: los bares, las habitaciones, los mares, los ordenadores, las canciones, los móviles, las conversaciones
**b**
Endung auf Vokal → Plural + -s ;
Endung auf Konsonant → Plural + -es
**c**
Compro dos/los helados. - Los chicos ayudan a los tíos. - Las chicas buscan las bebidas. - Escuchas las canciones de Juanes. - Los primos practican deporte.

**3 a**
1. Es el helado de Felipe.
2. La playa de Málaga es genial.
3. Hola, soy la hermana de Lukas.
4. Lukas y Laura son de Berlín.
5. ¿Luis, eres de Perú?
6. ¿Sois Cristina y Pablo?
7. Hola, somos Marina y Claudia.

**b**
soy, eres, es, somos, sois, son

**4 a**
nado, nadas, nada, nadamos, nadáis, nadan
compro, compras, compra, compramos, compráis, compran
**b**
1. hablo
2. nadan
3. practicáis
4. significa
5. llega, escucha
6. necesitamos, hablamos

**5 a**
-ar: busco, hablo, estudio, tomo, nado, escucho, miro, compro
-er: como, aprendo, comprendo
-ir: abro, escribo, vivo
**b**
visit**o**, visitas, ---, visitamos, visitáis, visitan; le**o**, le**es**, le**e**, leemos, leéis,---; abr**o**, abr**es**, abr**e**, ---, abrís, abren
**c**

| | ar | | er | | ir |
|---|---|---|---|---|---|
| yo | | | o | | |
| tú | as | | | es | |
| él/ella | a | | | e | |
| nosotros/nosotras | amos | | emos | | imos |
| vosotros/vosotras | áis | | éis | | ís |
| ellos/ellas | an | | | en | |

**6**
comemos, escuchamos, comemos, tomáis, nadáis, comemos, compráis, Hablamos

**7 a**
Roses es una playa de la Costa Brava. Roses está en España. El fútbol es un deporte. El fútbol es genial/un desastre. La paella no es un desastre/genial. El museo está en España/Alemania. El museo es genial/un desastre. Las bebidas están en el bar. Las bebidas son de Almería. El chico es de Almería. El chico está en casa/en España/en Alemania. El chico es un desastre/genial/Juan. Juan es de Almería. Juan está en Alemania/en casa/en España.
**b**
*ser* + Substantive, Eigennamen, Eigenschaften;
*ser* + *de* = Herkunftsort; *estar* + Ort

**8**
Yo **soy José**. **Soy** de Barcelona. Yo **estoy** en un bar. El bar **está** en la playa. La playa **está** en Barcelona. Barcelona **está** en España. Barcelona **es** grande. Mi primo **es** Juan. Juan **es de** Madrid. Madrid **está** en el centro de España. Madrid **es** la capital. Madrid **está** en España también. Madrid **está** lejos de Barcelona.

**9**
1. En este barrio hay bares, hay (muchas) tiendas, hay restaurantes, hay una escuela, hay muchos turistas / muchas personas.
2. Peter está delante del Corte Inglés.
3. El Corte Inglés está a la izquierda del bar BAR CELona.
4. El restaurante alemán está en la Calle Rastrojo.
5. El bar BAR CELona está a la derecha del Corte Inglés y a la izquierda de la escuela.

**10 a**
1. En la habitación hay muchos libros.
2. Hay dos chicos en el restaurante.
3. Mis padres siempre están en el museo.
4. ¿Dónde están los niños?
5. Hay turistas en Andalucía.
6. (Hoy) El amigo de Juan está (hoy) en el museo (hoy).

**b**
Zahlwörter → hay; bestimmter Artikel → estar;
unbestimmter Artikel → hay; Possessivbegleiter → estar;
Substantive im Plural → hay; Mengenangaben → hay

**11**
España es grande. Madrid es la capital. Madrid está en el centro. Andalucía está en España. Andalucía es grande.
En Andalucía hay muchas playas. La costa de Andalucía es larga. En la playa de Andalucía hay turistas/mucha gente.
La gente en la playa son turistas. Málaga está en Andalucía/en España. En Málaga hay bares/turistas.
El bar Ándalus está en Málaga. El bar Ándalus es muy bueno/español. Juan es muy bueno/de Andalucía.
Juan está en España/en Málaga/en el bar.

**12**
**pien**so, **pien**sas, **pien**sa, pen**sa**mos, pen**sáis**, **pien**san

**13**
pensáis; pienso ir al cine hoy; pensamos ir a la playa hoy; piensa; Piensa ir al cine.; piensan; Piensan ir a la playa.; ¿Qué piensas hacer hoy?

**14**
preferir: prefiero, prefieres, prefiere, preferimos, preferís, prefieren
poder: puedo, puedes, puede, podemos, podéis, pueden

**15**
puedes – no puedo – podéis – No, no podemos – Queréis - no podemos – no puedo – Queréis – No, no podemos. – queréis – podemos

**16 a**
yo, me, -o; tú, te, -as; él, ella, usted, se, -a; vosotros, vosotras, os, -áis; ellos, ellas, ustedes, se, -an
**b**
Das **Reflexiv**pronomen, das **Subjekt**, auf das es sich bezieht, und die **Verb**endung müssen übereinstimmen.

**17**
1. Hoy no **me** quiero duchar.
2. ¿A qué horas **te** quieres levantar?
3. **Nos** divertimos siempre mucho.
4. ¿**Os** queréis levantar temprano?
5. Todos **se** lavan por la noche.

**18**
1. La madre se ducha.
2. El padre se lava.
3. Moni y Claudi se levantan.
4. El chico se acuesta.
5. Los niños se divierten.
6. Los chicos se van.

**19 a**
conozco, conoces, conoce, conocemos, conocéis, conocen; traduzco, traduces, traduce, traducimos, traducís, traducen
Regel: 1. Person Singular; -zco.

**b**
1. Sí, lo conozco./Sí conozco a Juanes./No, no lo conozco.
2. ¿Parezco cansado?/No parezco cansado.
3. No traduzco nunca./Sí, (la) traduzco (para ti).
4. No, no conduzco yo./Sí, conduzco.
5. Sí, claro que conozco Perú/No, no conozco Perú.

**20**
qu**ie**ro, qu**ie**res, qu**ie**re, queremos, queréis, qu**ie**ren; v**ue**lvo, v**ue**lves, v**ue**lve, volvemos, volvéis, v**ue**lven; p**i**do, p**i**des, p**i**de, pedimos, pedís, p**i**den

Regel: e → ie, o → **ue** und **e** → **ie** in der **1.** + **2.** + **3.** Person **Singular** und in der 3. Person Plural.

**21**
dices, me visto, dices, dices, me despido, te despides, dices, nos despedimos, visto, dices, te despides

**22**
pienso, piensas, piensa, pensamos, pensáis, piensan; querer: quiero, quieres, quiere, queremos, queréis, quieren; preferir: prefiero, prefieres, prefiere, preferimos, preferís, prefieren

**23 a**
pienso, prefiere, prefiero, quiero, Pienso, queremos, pensamos, Quiero, piensas, Quieres, prefieres
**b**
+ Infinitiv oder Substantiv
**c**
Prefiere la playa/nadar, Queremos (una) tarta/comer, Piensa en un teléfono/llamar a un amigo/a una amiga

**24 a**
1. Voy a Madrid para visitar el museo del Prado.
2. Quiere ir a la costa para descansar.
3. Pienso ir a Italia para aprender italiano.
4. Quiero tu número de teléfono para llamarte.
5. Hablamos con nuestros primos para ir al cine.
**b**
Regel: Ich suche dich, um (mit dir) zu sprechen.
para + Infinitiv

**25 a**
Hay que llegar a clase puntual. Hay que estar en el aula a las 7:55. Hay que ser amable con los otros. Hay que estar en la escuela durante la pausa.
**b**
Tengo que hacer los deberes. Tengo que aprender. Tengo que leer libros. Tengo que preguntar en clase.
**c**
tener que = müssen; hay que = man muss

**26 a**
1. Los chicos acaban de empezar las clases.
2. Ella acaba de terminar de trabajar/el trabajo.
3. Juan se acaba de duchar/acaba de ducharse.
4. Sí, acaban/alguien acaba de enviar un mensaje.
5. Yo acabo de terminar los/estos ejercicios.
**b**
Regel: gerade etwas getan haben

**27 a**
Antes de comer, cocina. Después de comer, se lava los dientes.
**b**
1. Antes de despertarse él/ella sueña. Después de despertarse se levanta.
2. Antes de salir él/ella se viste. Después de salir duerme.
3. Antes de ser madre es hija. Después de ser madre es abuela.
4. Antes de ir al instituto va al colegio. Después de ir al instituto va a la universidad.
5. Antes de acostarse se desviste. Después de acostarse duerme.

**28**
1. Durante
2. Durante
3. Mientras
4. Durante
5. Durante
6. Mientras
7. Mientras
8. Mientras

Regel: durante + Substantiv; mientras + Verb

**29 a**
yo voy a estudiar; yo + ir a + INFINITIV
**b**
1. Heute Nachmittag werde ich bei meinen Großeltern essen.
2. Heute Nachmittag gehe ich zu meinen Großeltern.

Regel: ir a + Infinitiv = etwas tun werden;
ir a + Substantiv = irgendwohin gehen

**30**
Mañana por la mañana Eva **se va a duchar/va a ducharse** después **va a desayunar.** A las 7:00 de la noche **va a volver a casa** y luego **va a comer**. A las diez de la noche **va a ir al cine** y finalmente **se va a acostar/va a acostarse**.

**31**
viajar: viajaré, viajarás, viajará, viajaremos, viajaréis, viajarán; comer: comeré, comerás, comerá, comeremos, comeréis, comerán; vivir: viviré, vivirás, vivirá, viviremos, viviréis, vivirán

Regel: terminaciones del futuro simple: yo -é; tú -ás; él/ella -á; nosotros/nosotros -emos; vosotros/vosotras -éis; ellos/ellas -án

**32**
tener, tendré; salir, saldrá; poder, podrán; decir, diréis; hacer, haré; poner, pondremos; saber, sabrás

**33**
1. haremos, iréis
2. estará, Estará
3. viajaré
4. contestaré, llamará

**34**
has estado, he esperado, he tenido, he ido, he comido, he llegado, he tenido, he tomado

**35**
toda la tarde, hoy, esta mañana, esta tarde, este mes, este año

**36**
escribir: escrito, ver: visto, poner: puesto, volver: vuelto, decir: dicho, hacer: hecho, abrir: abierto

**37**
1. Me he levantado muy tarde.
2. He abierto la puerta de casa y ha hacho frío afuera.
3. He puesto música en mi cuarto y he vuelto a dormir.
4. Depués he escrito correos electrónicos a mis amigos.
5. Y finalemente he visto la televisión.

**38**
se ha duchado, ha desayunado, ha vuelto a casa, ha comido, ha ido al cine, se ha acostado

**39 a**
trabajar: trabajé, trabajaste, trabajó, trabajamos, trabajasteis, trabajaron; comer: comí, comiste, comió, comimos, comisteis, comieron; vivir: viví, viviste, vivió, vivimos, vivisteis, vivieron

**b**
1. persona plural de los verbos en -ar e -ir
2. verbos en -er e –ir.
3. la i

**40**
**leer**: leímos, leí, leyeron, leyó; sacar: sacamos, saqué, sacaron, sacó; empezar: empezamos, empecé, empezaron, empezó; oír: oí, oyó, oímos, oyeron; llegar: llegué, llegó, llegamos, llegaron; pagar: pagué, pagó, pagamos, pagaron

**41**
ayer, en 1986, de 1988 a 2006, hace un mes, el lunes pasado

**42**
La madre se duchó y el padre se lavó. Moni y Claudi se levantaron. Los niños se divirtieron.

**43**
dormir: dormí, dormiste, durmió, dormimos, dormisteis, durmieron;
preferir: preferí, preferiste, prefirió, preferimos, preferisteis, prefirieron;
pedir: pedí, pediste, pidió, pedimos, pedisteis, pidieron

**44**
1. Ingrid prefirió viajar que estudiar/estudiar que viajar.
2. Marta y Lucía durmieron hasta las tres de la tarde el sábado pasado.
3. Nosotros nos despedimos de nuestros amigos en la fiesta/ Nuestros amigos se despidieron de nosotros en la fiesta.
4. Pero Mónica se divirtió mucho en la fiesta.
5. Los niños repitieron muchas veces la canción.

**45**

| | | | | | | | | | |
|---|---|---|---|---|---|---|---|---|---|
| A | T | D | G | **T** | **F** | E | R | O | **T** |
| P | U | S | **H** | **U** | **U** | E | S | U | **R** |
| **E** | **S** | **T** | **U** | **V** | **E** | I | P | I | **A** |
| H | I | C | **B** | **I** | **R** | Z | **D** | E | **J** |
| **P** | **U** | **D** | **O** | **M** | **O** | **H** | **I** | **Z** | **O** |
| **U** | **V** | **I** | N | **O** | **N** | T | **J** | E | R |
| **S** | E | T | S | **S** | **U** | **P** | **E** | N | O |
| **E** | **Q** | **U** | **I** | **S** | **I** | **M** | **O** | **S** | I |

yo, tuve, tener; yo, estuve, estar; él/ella, pudo, poder; nosotros, quisimos, querer; nosotros, tuvimos, tener; ellos/ellas, fueron, ser/ir; yo, puse, poner; él/ella, hubo, haber; yo, dije, decir; él/ella, trajo, traer; él/ella, hizo, hacer; yo, vi, ver; yo, supe, saber

**46**
Bild links: pretérito perfecto: Hoy he ido al cine.
Yo nunca he estado en Madrid.
Bild rechts: pretérito indefinido: En 2003 estuve en Madrid.
Nosotros fuimos al cine ayer.

**47**
me ha pasado, nos dio, los he terminado, visité, se cayó, se rompió, he leído, he visto

**48**
Biografía de Gael García Bernal: Nació, vivió, hizo, Estudió, volvió, hizo, ganó, actuó, ha ganado, ha actuado

**49 a**
cantar: canta, cantad; leer: lee, leed; escribir: escribe, escribid
**b**
(pro)poner, (pro)pon, (pro)poned; venir, ven, venid; tener, ten, tened; salir, sal, salid; decir, di, decid; hacer, haz, haced; ir, ve, id; ser, sé, sed

**50**
1. abrid
2. di
3. ven, sal
4. sed, haced
5. comed
6. toma

**51**
cantando, bebiendo, saliendo, leyendo, oyendo, creyendo, muriendo, durmiendo, prefiriendo, siguiendo

**52**
se está duchando, se está lavando, están haciendo, se están preocupando, se están divirtiendo, está pasando, se están levantando, se está acostando, se están yendo

**53 a**

| | | |
|---|---|---|
| Marta dice | que | hoy va a la escuela con sus amigos. |
| Marta ha dicho | | hoy va a la escuela con sus amigos. |
| Marta va a decir | | hoy va a la escuela con sus amigos. |

Regel: Steht das einleitende Verb im **Präsens**, **Perfekt** oder in der nahen **Zukunft**, dann ändert sich die Zeit des Hauptsatzes in der indirekten Rede **nicht**.
**b**
Juan: Estudio para un examen.;
Maribel: ¿Valeria, puedes venir a casa?;
Valeria: ¿Cuándo puedo venir?

Regel: Um die indirekte Rede einzuleiten verwendet man **que** bei Aussagen und **si** bei Fragen. Steht ein Fragewort schon in der direkten Rede, verwendet man es auch in der indirekten Rede.

**54**
Las otras chicas han escrito que todas mis amigas me están escribíendo porque piensan mucho en mí. Preguntan cómo estoy y si tengo mucho trabajo. También quieren saber cuándo tengo vacaciones y si quiero ir a visitarlas a Salamanca. Ellas quieren verme muy pronto. Preguntan si a lo mejor puedo venir para las Navidades. Ellas dicen que me mandan un beso todas.

**55**
1. Valeria es muy inteligente porque estudia mucho.
2. Ella habla muy bien/poco/bien/mucho inglés y alemán.
3. Valeria: Me gusta mucho hablar muy bien/mucho en inglés y en alemán.
4. Valeria practica poco/mucho deporte pero nada mucho/poco.

**b**
1. Hablo poco/mucho.
2. Hablo muy bien/poco/mucho inglés y alemán.
3. Me gusta mucho/poco escuchar música.
4. Practico mucho/poco deporte, nado muy bien/mucho/poco.

**56**
me gusta mucho/poco, es gefällt mir sehr/wenig; muy/poco interesante, sehr/wenig interessant; habla mucho/poco/muy bien, er/sie/es spricht viel/wenig/sehr gut

**57 a**
Feminine Form des Adjektivs im Singular + -mente
**b**
1. Conduce rápidamente.
2. Trabaja duramente.
3. Habla tristemente.
4. Escoge la comida libremente.
5. Habla abiertamente.

**58 a**
1. La playa no es bonit**a**.
2. La habitación de los chicos es grand**e**.
3. Es una niña gracios**a**.
4. El metro de la ciudad es modern**o**.
5. Es un museo genia**l**.
6. Mi helado es pequeñ**o**.

**b**
Singular: un lugar bonit**o**, una palabra bonit**a**, un lugar grand**e**, una palabra grand**e**, un lugar genia**l**, una palabra genia**l**;
Plural: los lugares bonit**os**, las palabras bonit**as**, los lugares grand**es**, las palabras grand**es**, los lugares genial**es**, las palabras genial**es**
**c**
1. Leo dos libros interesant**es** de Pablo Neruda.
2. Me gustan las películas divertid**as**.
3. Me gustan los bares fenomenal**es** de Valladolid.
4. Mi madre necesita un ordenador y una impresora pequeñ**os**.

**59**
1. primera
2. Buenos
3. buen/mal
4. primer
5. primeras
6. buena
7. primer/tercer
8. buenos

Regel: buen~~o~~/mal~~o~~/primer~~o~~/tercer~~o~~ + Substantiv **maskulin** Singular

**60**
1. Un hombre malo.
2. Un día bueno.

3. María vive en el piso primero.
4. Juan es el (estudiante) tercero de su clase.

**61 a**

conocidísima, grandísima, muchísimos, importantísimo, dificilísimos, dificilísima, complicadísima, preciosísima

**b**

larguísimas, simpatiquísimo, gordísimo, blanquísimo, poquísimas, riquísimos

**62 a**

1. más .... que,
2. más ... que
3. más
4. tan ... como

**b**

1. más... que
2. menos... que
3. más ... que
4. más... que
5. más ... que
6. mejor, peor

Regel: mal/malo → **peor**; bien/bueno → **mejor**

**63**

1. Colombia produce el mejor café (del mundo).
2. Francia Fehler! Textmarke nicht definiert. tiene los mejores quesos (de Europa).
3. Alemania produce los coches de mejor calidad.
4. Argentina juega el mejor fútbol (de América).
5. Las Islas Canarias tienen las costas más largas (de España).

**64 a**

1. nosotros, nosotras
2. él, ella
3. tú
4. vosotros, vosotras,
5. yo
6. ellas, ellos, ustedes

**b**

**Yo** soy de Alemania. ¿Y **vosotras**?, **Nosotras** somos de España., **Yo** soy de Madrid y **ellas** son de Barcelona. – ¿Qué escuchas **tú**?, ¿Quién? ¿**Yo**?, Sí, **tú**., **Yo** escucho metal y él/ella escucha jazz.

**c**

1. **Él** vive en el pueblo de **él**.
2. Ella está con **él** en el museo.
3. El tio de **él** es genial.
4. ¿Él habla con ella o con él?

**65 a**

(älterer Herr:) ¿Cómo **te** llamas **tú**?,
(Junge:) ¿Cómo **se** llam**a** **usted**?

**b**

1. e
2. d
3. c
4. b
5. a

**66**

1. Tengo dos libros **para ti**.
2. ¿ Hablas **de mí** o **de ella/ellas**?
3. ¿Vienes **conmigo**?
4. A **nosotros** también nos gusta.
5. Me gusta estar **contigo** sola en la playa.
6. **Para vosotros/vosotras** es fácil conducir un coche, pero **para mí** no.

**67**

mis, mi, Mi, Mis, mis, mis, Mis, Sus, mis, mis, mis, sus, mi, tu

**68 a**

| | | | |
|---|---|---|---|
| nuestr**o** libro | nuestr**a** casa | nuestros libr**os** | nuestras cas**as** |
| vuestr**o** libro | vuestr**a** casa | vuestros libr**os** | vuestras cas**as** |
| su libro | su casa | su**s** libros | su**s** casas |

**b**

1. **Nuestro** cuaderno es verde.
2. **Vuestra** paella es un desastre.
3. Necesito **sus** libros.
4. Éstas son **nuestras** bebidas.
5. Éste es **vuestro** helado.

**69**

| **Besitzer im Singular** Besitz im Singular oder Plural | **Besitzer im Plural** Besitz im Singular oder Plural |
|---|---|
| mi casa | nuestra casa |
| mis **casas** | **nuestras** casas |
| tu casa | **vuestra** casa |
| tus **casas** | **vuestras** casas |
| su casa | su **casa** |
| sus **casas** | **sus** casas |

**70**

Nuestros, sus, sus, su, mi, Mi, su, mi, Mis, tus, mi, mi/nuestra, mi, sus

**71 a**

Necesito **este** cuaderno aquí, **ese** libro ahí y **aquel** lápiz allí.

**b**
aquí: el teléfono, los libros, la camiseta; ahí: las gafas, el jersey, los calcetines; allí: el bolígrafo, (los) chocolates, la radio

**72 a**
aquel, aquella; esa, aquella; eso, esa; aquel, esos; aquellos; esos, esa; aquella; aquella; esta; Eso
**b**
fotos, el refresco, el limón, las naranjas

**73 a**
Todos, Toda, todos, todos, todos, Todos, todo, Todo, todos
**b**
*todo* als Pronomen: ...todos tenemos problemas..., Todos piensan que..., Todo es muy ..., sabemos todos;
*todo* als Begleiter: todos los días, toda la clase, todos los profesores, todos los exámenes, ... todo el día ...

Regel: Als Pronomen hat *todo* im Singular nur die **männliche** Form. Als Begleiter wird *todo* immer an das **Substantiv** angeglichen.

**74**
1. Können Sie noch einen/einen anderen Saft bringen, bitte?
2. Ich weiß nicht, wo die anderen sind.
3. Haben Sie eine andere Bluse in Blau?
4. Ich möchte gerne noch eins trinken.
5. Sind Pedro und die anderen bei der Party angekommen?

Regel: *Otro* entpricht dem deutschen ein **anderer/eine andere + noch ein, -e**.

**75**
alguna, algún, Todo, todos, ningún, mismo, mismo, todo, mismos, todo, mismo, ninguno, alguno, alguna, alguna

**76 a**
1. Qué
2. Qué
3. Cuál
4. Cuál
5. Qué

**b**
qué, qué, qué, cuál, Qué, Qué, cuáles, cuál, qué, Qué
**c**
1. ¿**Qué** hacemos? d. Vamos al cine.
2. ¿A **cuál** vamos? g. Al de la esquina.
3. ¿**Qué** películas te gustan? c. Todas.
4. Hay cuatro buenas, ¿**cuáles** prefieres? f. Pues, una de amor.
5. ¿A **cuál** de los cuatro teatros? a. No lo sé.
6. ¿A **qué** hora vamos? e. A las seis.
7. ¿Y **qué** zapatos quieres? b. Los negros.

**77 a**
Me, me, nos, les: Rafael Nadal;
Me, les, me: Fernando Alonso;
Me, nos/les, me: Shakira
**b**
1. Person Singular **me**
2. Person Singular **te**
3. Person Singular **le**
1. Person Plural **nos**
2. Person Plural **os**
3. Person Plural **les**

**78**
1. No, no *la* he ~~*la*~~ comprado ~~*la*~~ todavía.
2. – Sí, *les* voy ~~*les*~~ a ~~*les*~~ contar algo.
3. *Te* quiero ~~*te*~~ invitar a comer hoy ~~*te*~~.
4. Juan *nos* acaba ~~*nos*~~ de ~~*nos*~~ llamar.
5. Sí, *lo* estoy ~~*lo*~~ leyendo.
6. ~~*Le*~~ no *le* pienso ~~*le*~~ escribir hoy ~~*le*~~.
7. ¿~~*Os*~~ habéis *os* levantado tarde *os*?
8. Ahora *nos* tenenemos ~~*nos*~~ que ~~*nos*~~ despedir.

Regel: Sätze mit Infinitiv: die Objektpronomen oder Reflexivpronomen stehen **vor** dem konjugierten Verb; Partizip Perfekt: die Objektpronomen oder Reflexivpronomen stehen **vor** der konjugierten Form von *haber*

**79**
lo, las, la, los, la, la

**80**
1. La paella me la como yo.
2. El libro lo leemos nosotros.
3.El mensaje lo habéis escrito vosotros.
4. ¿La cena la haces tú?
5. El bolígrafo lo encuentra Pepito.
6. Las muñecas de sus hijas las guarda Marién en el armario.
7. ¿A Laura y Sofía las habéis visto esta mañana?
8. A Carmen la he ayudado mil veces y nunca me escucha.
9. Las cartas las trae el camarero a la mesa.

**81**

| Subjekt-pronomen | indirekte Objekt-pronomen | Reflexiv-pronomen | direkte Objekt-pronomen |
|---|---|---|---|
| yo | me | me | me |
| tú | te | te | te |
| él, ella, usted | le | se | lo, la |
| nosotros, nosotras | nos | nos | nos |
| vosotros, vosotras | os | os | os |
| ellos, ellas, ustedes | les | se | los, las |

**82**
se, la, le, la, se, se, le, le, se, le, la, le

**83**
1. ¿Me la trae?
2. ¿Me lo das?
3. ¿Me los envías?
4. Se los ha regalado.
5. Nos la da.
6. Os las he traido.
7. ¿Te las enseña?

**84**
¡Traéselo! ¡Déselas! ¡Pregúntaselo! ¡Explícaselo! ¡Póntela!

**85 a**
1. ¿Has dicho **la verdad**? Sí, **la** he dicho.
2. ¿Has dicho **el secreto**? Sí, **lo** he dicho.
3. ¿Has dicho **que vamos a ir esta noche a la fiesta**? Sí, **lo** he dicho.

Regel: Als direktes Objekt kann sich *lo* auf ein **maskulines Nomen** im Singular beziehen oder auf einen ganzen **Satz**. Im deutschen wird es dann mit **es** übersetzt.

**b**
1. lo, eso
2. lo
3. eso

Regel: Das Pronomen *eso* wird verwendet, wenn man sich auf etwas nicht genau Definiertes bezieht. Wie *lo* kann es sich ebenfalls auf einen ganzen Satz beziehen. Im deutschen wird es mit **es** oder **das** übersetzt.

**86**
1. eso, Lo, lo
2. Eso, eso
3. lo, eso, lo
4. Eso, eso, lo
5. lo, lo, lo, lo

**87**

| | Gerundium | Infinitiv (mit querer) | bejahter Imperativ |
|---|---|---|---|
| tú contar a Juan algo | Estás contándoselo. Se lo estás contando. | **Quieres contárselo. Se lo quieres contar.** | **¡Cuéntaselo!** |
| vosotros levantarse | **Estáis levantándoos. Os estáis levantando.** | **Queréis levantaros. Os queréis levantar.** | **¡Levantaos!** |
| ustedes mirar las fotos | **Están mirándolas. Las están mirando.** | Quieren mirarlas. Las quieren mirar. | **¡Mírenlas!** |
| usted regalar flores a su madre | **Está regalándoselas. Se las está regalando.** | **Quieren regalárselas. Se las quieren regalar.** | **¡Regáleselas!** |
| tú hacer un bocadillo a mí | **Estás haciéndomelo. Me lo estás haciendo.** | **Quieres hacermelo. Me lo quieres hacer.** | Házmelo. |

**88**
1. Mi amiga vive en Salamanca que es una ciudad muy guay.
2. El chico que está en la fiesta se llama Luis.
3. Busco mi diccionario que es grande y verde.
4. Me gustan los chocolates que son de Suiza.
5. Estudio la gramática que es muy importante.
6. Me gusta la paella que tiene mariscos.

**89 a**
Es la una en punto. Es la una y cuarto. Es la una y media. Es la una menos cuarto.

**b**
Son las dos menos veinte. – Son las diez y veinte.
Son las once menos cuarto. – Son las cinco y diez.
Son las siete menos cinco. – Son las cuatro y veinticinco.

**90**
1. Estudio a las diez y media de la mañana.
2. Como a las dos y cuarto de la tarde.
3. Practico deporte a las cinco menos veinte de la tarde.
4. Llego a las ocho menos cuarto de la noche.
5. Leo a las diez y diez de la noche.
6. Duermo a las doce de la noche.

**91 a**
**uno**, dos, **tres**, cuatro, **cinco**, seis, **siete**; **dos**, cuatro, seis, ocho, **diez**, **doce**, catorce, dieciséis, diecisiete, **veinte**; **diez**, quince, **veinte**, **veinticinco**, treinta, treinta y cinco, **cuarenta**; **diez**, **veinte**, treinta, cuarenta, cincuenta, sesenta, **setenta**, ochenta, noventa, **cien**; **cuarenta y tres**, cuarenta y seis, **cuarenta y nueve**, **cincuenta y dos**, cincuenta y cinco, **cincuenta y ocho**

**b**
setenta y seis, 77, setenta y ocho; ochenta y tres, 84, ochenta y cinco ; cincuenta y cuatro, 55, cincuenta y seis ; cuarenta y dos, 43, cuarenta y cuatro ; noventa y uno, 92, noventa y tres; sesenta, 61, sesenta y dos; treinta y cinco, 36, treinta y siete

**92 a**
primer, primero, primera; segundo, -a; tercero, -a; cuarto, -a; quinto, -a; sexto, -a; séptimo, -a; octavo, -a; noveno, -a; décimo, -a

Regel: Die Ordnungszahlen verhalten sich wie **Adjektive**. Meistens stehen sie vor dem Substantiv und gleichen sich in **Zahl** und **Genus** daran an. Vor einem **maskulinum** Substantiv im Singular verlieren *primero* und *tercero* das *-o*.

**b**
1. primer
2. segundo, tercero, cuarto, quinto, sexto
3. primera
4. décima

**93 a**
1. cien
2. ciento ocho
3. ciento cuarenta y tres
4. quinientos, -as
4. trescientos, -as cincuenta y nueve
5. ochocientos, -as ochenta y ocho
6. doscientos, -as sesenta y cuatro
7. cuatrocientos, -as treinta y uno/una
8. quinientos, -as veiniuno, -a -
9. trescientos, -as uno/una

Regel: Die Zahl 100 heißt auf Spanisch *cien*.
Von 101 bis 199 sagt man *ciento*.

**b**
1. trescientos cincuenta y ocho, trescientos ochenta y siete niños
2.ciento cinco, ciento veintinueve
3. sietecientos cuarenta y cinco, doscientos treinta y cuatro
4. ciento veintiún, ciento ochenta y una, ciento sesenta y siete

**94 a**
1000 mil, 1001 mil uno, 1010 mil diez, 1100 mil cien;
1000 mil, 1000 mil euros, 1000 mil personas, 2000 dos mil, 20 000 veinte mil;
200 000 doscientos,-as mil, 200 000 doscientos mil euros, 200 000 doscientas mil personas

**b**
1. mil ciento cuarenta y un, Tiene que pagar veintiocho mil quinientos veinticinco euros.
2. tres mil trescientos treinta, cinco mil trescientas cincuenta, mil quinientos veinte, Compró diez mil doscientos vegetales.

**c**
El descubrimiento de América: mil cuatrocientos noventa y dos, La reunificación de Alemania: mil novecientos ochenta y nueve, El comienzo de la Segunda Guerra Mundial: mil novecientos treinta y nueve, El comienzo de la Democracia en España y la constitución: mil novecientos setenta y ocho, La primera bomba atómica en Hiroshima: mil novecientos cuarenta y cinco, El primer viaje a la luna con personas: mil novecientos sesenta y nueve

**95 a**
Nada me gusta. = **No me gusta nada**.
Maribel nunca bebe café. = **Maribel no bebe nunca café**.
Nadie me habla. = **No habla nadie**.
Tampoco hablo mucho. = **No hablo mucho tampoco**.

**b**
1. Una fiesta en casa de Ana no es divertida nunca. Una fiesta en casa de Ana no es nunca divertida.
2. De la fiesta nadie me gusta. Nadie de la fiesta me gusta.
3. Tampoco hay muchas cosas para comer o para beber. No hay tampoco muchas cosas para comer o para beber.
4. Y nunca pone música de los charts para bailar. Y no pone nunca música de los charts para bailar.
5. Además, Ana y sus amigas no dicen o hacen nada interesante.
6. En fin, las fiestas de Ana no nos interesan ni a mí ni a mis amigos.

**c**
1. María no habla nada.
2. No está nadie aquí.
3. Nosotros no vamos nunca al cine.
4. Juan no va con nosotros a la fiesta tampoco.
5. Ni Mercé ni Ana comen paella.

**96 a**

| | |
|---|---|
| **de** | Drückt Besitz oder Zugehörigkeit aus. |
| **de** | Um die Herkunft auszudrücken. |
| **en** | Antwortet auf die Frage wo? |
| **de** | Um eine Person aus einer Gruppe zu identifizieren. |

1. Beispiele: El libro es **de** Juan
2. María es **de** Argentina.
3. David vive **en** Almería
4. Mi hermano es el **de** la izquierda.

**b**
Soy de Madrid. Madrid está en España. - Es la paella de Pablo. La paella es de España, también. - Lucía está en el museo Dalí en Figueres. Figueres está en España. - Es la habitación de Enrique. Enrique es el chico del teléfono.

**97 a**
Regel: Verb + **a** + **Personen** und **Haustiere**; Verb + **Sachen**

**b**
Veo a los chicos. Compro un helado. Veo a la chica del helado. Veo un gato. / Veo a un gato. Abro la puerta. Visito Madrid. Te doy el libro. Escucho al niño. Visito a Luis.

**c**
El niño visita a su abuela. El niño visita el museo. El niño quiere/espera/busca a su abuela/madre. El niño quiere helados. Nosotros escuchamos música. Nosotros escuchamos a nuestros niños. Los chicos compran un coche nuevo/helados. Yo necesito un coche nuevo/mi libro. Yo necesito a mis amigos/nuestros niños. Luisa espera/quiere/visita a su marido/madre/abuela. Luisa/Javier espera una carta importante. Javier quiere/espera/busca a su abuela/madre.

**98**
Para el gazpacho para 4 personas necesitas: dos kilos de tomates, un kilo de pimientos verdes, medio kilo de pimiento rojo, un kilo y medio de pepino, un diente de ajo (opcional)
un cuarto de kilo de pan del día anterior, un poco de sal, de aceite y de vinagre.

**99**
1. Yo creo que (no) hay vida en otros planetas.
2. Yo creo que el fin del mundo no viene pronto.
3. Yo creo que en poco tiempo en todos los países (no) va a cambiar mucho el tiempo.
4. Yo creo que para aprender un idioma lo mejor es (no) ir al país donde se habla.
5. Yo creo que las mujeres y los hombres (no) son iguales.
6. Yo creo que ver la tele (no) es muy importante para la vida.